KB002211

지혜의 기술

지혜의 기술

나의 가치를 올려주고
당신의 성공을 보장하는 253가지

Baltasar Gracian

발타자르 그라시안

옮긴이/차재호

서교출판사

Hand-Orakel und kunst der weltklugheit
by Baltastar Gracian

Korean Translation Copyright©2014
by Seokyo Publishing Company

나의 가치를 올려주고
당신의 성공을 보장하는 253가지

지혜의
기술

초판 1쇄 발행일 | 2008년 3월 10일
개정판 18쇄 발행일 | 2025년 1월 5일

지은이 | 발타자르 그라시안
옮긴이 | 차재호
펴낸이 | 김정동
펴낸곳 | 서교출판사
디자인 | 홍시

출판등록 | 제22-243호(2000년 9월 18일)
주소 | 서울시 중구 충무로 49-1 죽전빌딩 2층 201호
전화 | 02-3142-1471(대)
팩스 | 02-6499-1471
이메일 | seokyobook@gmail.com
인스타그램 | http://instagram.com/seokyobooks
ISBN | 979-11-89729-77-6

서교출판사는 독자 여러분의 투고를 기다리고 있습니다. seokyobook@gmail.com
으로 간략한 개요와 취지 등을 보내주세요. 출판의 길이 열립니다.

"인간이어,

자신을 알라.

모든 지혜는

그대 자신에게 집중되어 있다.

…

…

…

에드워드 영

영국의 시인, 1683~1765

추천의 글

— 크리스토퍼 마우러 (미국 반더빌트 대학 교수)

　　　　　기나긴 인생살이에는 좋을 때도, 나쁠 때도 있게 마련이다. 인생의 부침(浮沈)에 의연함을 잃지 않으려면, 행운의 여신이 잠시 등을 돌리더라도 기다리는 여유와 고난조차 즐길 줄 아는 자세가 필요하다.

★

　옛날 스페인 아라곤 지방에는 비옥한 농토와 큰 재산을 소유한 부자가 살고 있었다. 그는 신분도 높은 데다 몹시 거만해 모든 사람을 깔보았다. 많은 사람이 그를 비난했으나 드러내놓고 반기를 드는 이는 찾을 수 없었다. 그러나 전쟁의 포화가 그가 사는 지역을 덮쳤을 때 그는 모든 재산을 잃었다. 그가 가난해지자 그의 재물을 보고 빌붙었던 아첨꾼들은 모두 그의 곁을 떠났고 대부분 사람은 모두 그에게서 등을 돌렸다. 굶주린 배를 움켜쥐고 구걸하는 그에게 동전 한 닢 던져주는 사람이 없었다. 이 어리석은 사람이 과거에 자신의 신분과 재산만을 믿고 살지 않고 남들에게 은혜를 베풀어 두었다면 결코 이런 식으로 무시당하지는 않았을 것이다. 이처럼 배려와 겸손은 인생살이에서 매우 중요하다는 것을 잊지 마라.

지혜로 성공을 도모하라. 지혜로운 사람은 일을 시작하기에 앞서 허풍으로 사람들의 기대를 높여놓지 않는다. 기대가 크면 그만큼 실망도 커지기 때문이다. 그럴 때는 결과로 자신을 증명하는 것이 현명한 태도다. 높은 지위에 올라설수록 사람들의 시기와 질투가 커진다는 것을 깨달은 사람은 지혜로운 사람이다.

말을 아낌으로써 상대에게 약점을 드러내지 마라. 작은 약점일수록 크게 부풀려져 소문나기가 쉽다. 실제로 큰 결함은 설마 하는 생각에 지나치는 경우가 많지만, 작은 약점에 대해서 대중은 결코 간과하지 않는다는 사실을 잊어서는 안 된다. 이러한 지혜 없이 성공을 거둔 사람은 높은 지위에 올라가더라도 금세 낙마하게 마련이다.

지나친 욕심을 자제할 줄 아는 지혜를 갖춰라. 최고 도박사가 게임에서 승리하는 것은 욕심을 부리지 않기 때문이다. '조금만 더'라고 미련을 갖는 사람은 결국 가진 돈을 전부 털리게 마련이다. '운이 좋다'는 표현은 운을 지속시킬 줄 모르는 어리석은 사람들이나 쓰는 말이다. 행운을 자신에게 끌어오고 불운을 피하는 능력이 지혜다. 모든 일이 잘 풀려갈 때도, 큰 실패와 맞닥뜨렸을 때도 담담하게 맞이하라.

지혜를 인생의 길잡이로 삼아라. 갈 길을 잃었을 때는 즉시 지혜 나침반에 의지하라. 요즘 세상은 너무나 혼탁하므로 때때로 거짓으로 자신을 치장한 자들이 대접받는다. 남을 속이지 말고, 남에게 속지도 마라. 거짓을 꿰뚫어 보는 눈을 갖는 게 지혜다. 거짓 속에 숨겨진 진실을 꿰뚫어 봐야만 자신을 방어할 수 있으며, 희망 섞인 달콤한 말에 속지 않고 신중한 판단을 내리는 사람만이 험난한 세상에서 승리자가 될 수 있다.

지혜의 모든 측면을 두루 고찰한 이 그라시안의 저서가 지난 수 세기 동안 독자들로부터 많은 사랑을 받은 것은 얼마나 많은 사람이 험난한 세상살이에서 현명하게 대처하는 방법을 배우기를 열망했는지를 단적으로 보여주는 증거이다. 펠리페 4세의 궁정고문을 역임하기도 했던 그라시안은 이 《지혜의 기술》에서 성공, 즉 인생에서 승리를 거두기 위해서 필요한 것은 '실용적인 지혜'라는 점을 반복적으로 강조한다. 그는 참되고 바르게 살라는 뻔한 이야기를 하는 대신 경쟁에서 승리하는 법이나 윗사람을 대하는 적절한 요령, 인생을 경영하는 효과적인 방법 등과 같은 지금 당장이라도 적용할 수 있는 지혜를 아름다운 경구에 담아 독자들에게 제시한다. 《지혜의 기술》은 마키아벨리의 《군주론》, 손무의 《손자병법》과 같은 처세술의 고전과 어깨를 나란히 하는 이 시대 최고의 잠언서다.

Baltasar Gracian Y Morales
(1601~1658)

PART

01

세상을 사는
지혜의 기술

Life is not fair; get used to it
Bill Gates

인생이란 결코 공평하지 않다.
이 사실에 익숙해져라.

빌 게이츠

인정받고
싶은가?

Do you want recognition?

태어날 때부터 완벽한 사람은 없다. 호수에서 여유롭게 노니는 백조의 우아한 몸짓도 물밑에서 끊임없이 물갈퀴를 움직이므로 가능한 것이다. 자신의 발전을 위해 항상 깨어 있어라. 성공에 이를 때까지 날마다 자신을 갈고 다듬어라. 자기 분야에서 성공한다는 건 축복받은 일이지만 높은 이상을 이루려면 더 많은 땀을 흘려야 한다.

평범한 사람은 완벽함이 무엇이고, 완벽함에 도달하려면 무엇을 해야 하는지 모르지만, 지혜로운 사람은 풍부한 지성과 명쾌한 의지와 원숙한 판단력을 한데 모아 자신의 앞길을 개척한다. 현명하게 말하고 신중하게 행동하는 사람은 상류사회에서도 금방 인정받으며 많은 사람으로부터 호감을 살 수 있다.

날마다 자신을 갈고 다듬는 자가 승리한다

절차탁마
切磋琢磨
No Sweat, No Sweet

다이아몬드가 빛나는 이유는 장인(匠人)이 숙련된 손길로 끊임없이 다듬었기 때문이다. 세상의 모든 아름다운 것에는 탁월한 기술과 엄청난 노력이 깃들어 있다. 완벽한 사람도 마찬가지다. 야수 본능을 지닌 사람도 엄한 교육과 가르침을 통해 지혜로운 존재로 탈바꿈한다. 태어났을 때의 모습 그대로는 누구도 위대한 사람이 될 수 없다. 목표를 세우고 그것을 이루기 위해 매진하라. 성공을 위해 노력하는 것이 자신을 가장 완벽하게 갈고 닦는 길이다.

목표를 세우고 매진하라

조급해하는
당신에게
Don't Be So Impatient.

＼　　　자신이 원하는 대로 세상이 돌아가지 않는다고 한탄하지 마라. 신은 세상에 초연함이라는 속성을 부여했고, 그 때문에 세상은 누구에게나 똑같다. 이런 세상 속에서 지혜로운 사람은 때를 기다릴 줄 안다.

반드시 이루고 싶은 일이 있어도 느긋한 마음을 가져라. 술이 숙성되려면 오랫동안 술통에 갇혀 있어야만 한다. 오래전부터 전해 내려오는 격언 : "나는 시간 그리고 또 다른 나와 겨루고 있다." 절대로 조급해하지 마라. 행운은 기다리는 자에게 안긴다.

때를 기다려라

나의 선택
My Choice

선택하는 능력은 인생의 성공 여부를 결정짓는 중요한 요소다. 잘못된 선택을 내리지 않기 위해서는 뛰어난 안목과 정확한 판단력이 있어야 한다. 높은 학식과 성실한 태도 그리고 고상한 취향을 가지고 있다는 것은 바르게 살아가는 데는 도움이 되지만 인생에서 성공하는 데는 충분하지 않다. 기회가 왔을 때나 위기가 닥쳐왔을 때 제대로 된 선택을 하지 못한다면 성공 대열에서 낙오하여 금세 모두에게 잊히게 마련이다.

진취적인 태도와 열정, 창조적인 두뇌와 성실성을 갖춘 사람이 성공의 문턱에서 주저앉아 좌절하는 모습을 종종 볼 수 있다. 운이 없었던 탓도 있겠지만, 무엇보다 제대로 된 선택을 하지 못해 실패했음을 명심하라.

세상을 보는 안목을 키워라

나의 결점
My Faults

사람은 누구나 장단점을 고루 가지고 태어난다. 어리석은 사람과 지혜로운 사람의 차이는 장점을 키우고 단점을 얼마나 줄이는지에 달려있다. 좋은 가문에서 태어나 훌륭한 교육을 받음으로써 어렵지 않게 높은 학식과 교양을 갖춘 사람이 될 수 있다. 그러나 타고난 단점을 보완하지 못한다면 큰 사람이 될 수 없다. 교활하고 사악한 사람들은 상대방의 사소하고 단순한 단점을 부풀려서 치명적 결함이 되게 한다. 주변인들 입방아에 오르내리는 인물은 높은 지위에 올라서기 어렵고, 애써 그런 자리를 차지하더라도 금방 낙마(落馬)하고 만다. 장점을 부각하는 것은 어렵지 않으나 단점을 파악하여 개선하는 일은 쉽지 않다. 자신의 결점을 숙지하여 그것을 개선하거나 외부로 표출하지 않게 하는 능력이야말로 대단한 처세술이다.

타고난 단점을 감출 줄 알라

명예로움을
택하라
Choose Your Honor

재산은 쉽게 얻을 수 있지만 순식간에 녹아 없어지기도 한다. 그에 비해 명예는 얻기가 매우 어렵지만 얻고 나면 쉽게 사라지지 않는다. 재산은 살아가는 동안에는 지속되지만 명예는 죽고 나서도 유지된다. 부(富)는 수고로 얻어지지만 명예는 성취한 결과로 주어진다. 재산은 시기심을 사지만 명예는 부러움을 산다. 재산보다는 명예를 원하는 사람이 지혜로운 사람이다. 명예는 얻기가 어려운 만큼 오래 지속될 뿐만 아니라 사람들로부터 인정을 받기 때문이다.

눈에 보이는 재산보다 명성을 추구하라

시대의 흐름을
타라
Jump On The Bandwagon

시대에 따라 각광받는 지식은 각각 다르며 어떤 시대에는 지식을 쌓아도 인정받지 못한 경우가 있었다. 마찬가지로 시대에 따라 사람을 평가하는 기준도 변해 왔다. 도덕적인 성취가 세인들로부터 인정을 받는 경우도 있었고 재산이 사람을 판단하는 최고 기준인 시대도 있었다. 명성을 얻은 사람들은 세상의 흐름에서 뒤처지지 않기 위해 부단히 노력한 사람들이었다.

현명한 사람은 시대가 요구하는 가치가 어떤 것인지를 파악하고 그 흐름을 거스르지 않는다. 시대가 바라는 가치관을 따르면서도 얼마든지 자신이 추구하는 목표를 이룰 수 있다는 점을 잘 알기 때문이다. 시대를 읽을 줄아는 지혜야말로 언제 어디서나 사랑을 받는다.

시대 가치를 읽어라

분별력의 힘
The Power Of Discernment

막연한 단서를 갖고도 확실한 결과를 예상할 수 있다면 대단히 지혜로운 사람이다. 모두가 인정하던 화술의 대가들도 남의 말 속에 감추어진 비수를 알아채지 못했던 탓에 쓸쓸히 무대 뒤로 퇴장할 수밖에 없었다. 말 속에 감추어진 의도를 읽어낼 수 있어야 한다. 세상이 혼탁해져 진실을 이야기하는 사람은 따돌림을 당하고 거짓을 꾸며대는 사람이 인정을 받는다. 그 거짓 속에 숨겨진 진실을 꿰뚫어 봐야만 문제의 핵심을 파악하고 자신을 방어할 수 있다. 희망 섞인 달콤한 말에 속지 않고 마음을 다잡아 신중하게 판단하는 사람만이 복잡한 승부세계에서 승리자가 된다. 정치에서는 특히 더 그렇다.

거짓 속에 숨겨진 진실을 꿰뚫어라

식별 능력
Discrimination

행복한 사람과 불행한 사람을 식별할 수 있어야 한다. 행복한 사람을 알아보면 필요할 때 도움을 받을 수 있고, 불행한 사람을 가려낼 수 있으면 자신이 어려운 상황에 빠지지 않도록 미리 알려주는 반면교사(反面敎師)를 삼을 수 있다.

식별 능력은 카드놀이와 비슷하다. 상대가 내미는 카드를 읽을 줄 아는 것이 매우 중요하다. 이긴 사람이 내미는 볼품없는 카드가 진 사람이 내민 최고 카드보다 나은 법이다. 능력이 부족하다고 느낀다면 지혜로운 사람들을 찾아 그들의 처신을 살펴보라. 게임에서 이기려면, 도움을 겸허히 받아들일 줄 알아야 한다.

행복한 사람, 불행한 사람을 식별하는 능력을 키워라

'조금만 더'
A Little More...

최고 도박사들이 승리하는 비결은 과욕을 부리지 않는 것이다. 물러날 때를 아는 것은 승리하는 능력만큼이나 중요하다. 어리석은 사람들은 '조금만 더'라는 미련을 버리지 못해 도박장에서 돈을 다 잃는다. 나아갈 때와 물러날 때를 정확히 판단하고 절제할 수 있는 능력은 지혜로운 사람이 반드시 갖추어야 할 덕목이다.

행운과 불운이 번갈아 찾아오면 현명한 사람은 미리 불운을 대비한다. 승승장구하고 있을 때 일이 잘못될 수도 있다는 점을 깨닫는 사람은 많지 않다. 지혜로운 사람은 위기가 찾아 오면 의연하게 대처한다. 욕심을 부리지 않고 불행을 맞을 준비를 하고 있기 때문이다. 일이 잘 풀려갈 때일수록 욕심을 부리지 마라.

나아갈 때와 물러설 때를 알라

신뢰와
존경을 받으려면
To Get The Confidence And Respect

사람을 끌어들이는 흡인력은 타고 난다고 한다. 이 말은 절반만 진실이다. 원칙을 견지하는 태도와 흔들리지 않는 군센 의지는 타고나는 것이지만 대중을 조종하는 힘은 여러 기술과 요령에서 비롯되기 때문이다.

지혜로운 사람은 굴하지 않는 의지와 확고한 태도를 가지고 강력한 결단을 내린다. 낮은 지위에 있을 때는 주변의 말에 귀를 기울이며 겸손한 태도를 보임으로써 신뢰감을 얻고, 높은 지위에 올라가면 유창한 언변과 풍부한 지식으로 대중을 압도하며 스스로 존경받아야 할 존재임을 부각시킨다. 지혜로운 사람은 군주와 같은 정치적 기술로 사람들의 마음까지도 사로잡는다. 지혜로운 사람은 자신 처지에 따라 다른 처세의 원칙을 쓸 줄 알며, 장황한 말 대신 단순한 동작 하나만으로도 설명할 줄 아는 특출한 재능을 가지고 있다.

사람의 마음을 얻어라

세상에
독불장군은 없다
There Is No Maverick In Society

시대의 흐름을 읽고 자신이 서 있는 자리를 아는 것은 사업이나 정치뿐 아니라 세상사 모든 일에 반드시 필요하다. 소크라테스도 시대의 흐름을 거슬렀다는 이유로 독배를 마셔야 했다. 이렇듯 진실은 소수에게만 의미가 있는 법이다.

많은 사람이 관심을 두고 있는 일을 소홀히 여기지 마라. 당신이 이해할 수 없다고 해도 대중이 만족하는 것에는 특별한 이유가 있다. 성공하려면 대중의 기호에 수긍하고 자신의 견해에 앞서 대중이 선호하는 것을 받아들일 줄 아는 지혜가 필요하다. 독단적이고 완고한 사람은 눈앞의 좋은 기회를 잡기 힘들다. 거듭 실패하다 보면 결국 자신의 안목에 대해 회의하게 되고 지혜의 길에서 멀어질 수밖에 없다. 내면을 단련하는 일이 아니라면 대중에게서 눈을 떼지 마라.

시대의 흐름을 읽어라

성급한 사람에게
하는 충고
Advice To The Hothead

대담하면서도 신중하게 행동하라. 상대가 죽은 사자인 것을 알면 토끼도 그 갈기를 갖고 장난을 친다. 용기를 얕잡아 보지 마라. 극복해야 할 난제라면 용기있게 달려들어라. 머뭇거리다가 뒤처지면 의기소침해지기 쉽다.

정신은 육체보다 대담하다. 그러나 정신의 담대함은 양날의 칼과 같다. 몸을 지키는 도구도 되지만 자신에게 상처를 입히는 흉기가 될 수도 있다. 담대한 사람은 분별력 있게 행동하고 경거망동하지 않는다.

용기가 없는 나약한 정신은 쓸모가 없다. 뛰어난 자질을 가지고 태어난 수많은 사람이 나약한 정신 때문에 활기를 잃고 죽은 사람처럼 평생을 무기력하게 보낸다. 자연의 이치를 기억하라. 향기로운 장미에는 가시가 있고, 인간의 몸에는 뼈대가 들어 있다. 그것이 우리가 대담하게 살아가야 할 이유다.

대담하게, 그리고 신중하게 행동하라

미루기 좋아하는
당신에게

If You Do Not Like That In Time ...

어리석은 사람은 일을 미루지만 지혜로운 사람은 지체없이 처리한다. 어느 쪽이나 같은 일을 하지만 행동으로 옮기는 시점이 서로 다르다. 지혜로운 사람은 기회를 붙잡고 어리석은 사람은 우물쭈물하다가 기회를 놓친다. 서둘러야 하는 상황이 찾아오면 누구나 당황하게 된다. 준비된 사람만이 적절하게 대처하고 올바른 판단과 결정을 내릴 수 있다.

평범한 사람들이 흔히 저지르는 한 가지 실수는 일의 우선순위를 명확히 하지 않는 것이다. 어떤 일이 중요한지, 어떤 일을 가장 먼저 해야 하는지를 구분 짓지 않으면 몰려드는 일감을 제대로 처리하지 못하게 된다. 얼마 지나지 않아 능력 없는 사람으로 낙인 찍힌다.

맡은 일을 성공적으로 완수하려면 전체 청사진을 그리는 능력을 갖춰야 한다. 설계도 없이 집을 지었다가는 대들보가 들어가지 않아 다시 지어야 하는 상황을 맞게 될 수 있다. 일을 맡으면 먼저 밑그림을 그려라. 가장 먼저 해야 할 일과 나중에 해도 좋은 일을 구분 짓고 나면 성공에 반쯤은 다가선 셈이다.

일을 스마트하게 처리해내는 또 하나의 방법은 무슨 일이든 마감 시한이 닥치기 전에 일찌감치 해치우는 것이다. 미리미리 정리해 놓으면 시간에 쫓겨 마지못해서가 아니라 즐겁게 일할 수 있다. 지혜로운 사람은 피해갈 수 없는 일이라면 먼저 즐거운 마음으로 그 일을 완성함으로써 긍정적 평판을 얻는다.

피해갈 수 없다면 즐겨라

유종의
미
Successful Conclusion

행운의 여신이 사는 저택에는 두 개의 문이 있다. 기쁨의 문으로 들어간 사람은 슬픔의 문으로 나와 슬픔을 가누지 못한다. 그러나 슬픔의 문으로 들어간 사람은 기쁨의 문으로 나와 또 다른 행운을 기다리게 된다. 무슨 일이든 가장 중요한 것은 결과이다. 과정이 좋았다고 결과가 좋으리라는 보장은 어디에도 없다. 지혜로운 사람은 배가 떠날 때 보내는 환송의 목소리에 귀를 기울이지 않고 배가 목적지에 도착해서야 기쁨을 남들과 나눈다. 유종의 미를 거두는 것은 그만큼 중요하다. 순풍에 돛을 단 듯 순조로운 항해 중에도 풍랑을 만나 비극적인 결말을 맞을 수도 있다. 세상사도 마찬가지다. 끝이 좋아야 모든 것이 좋다.

가장 중요한 것은 깔끔한 마무리다

명성과
능력
Reputation & Ability

위대한 사람만이 뛰어난 무리 중에서도 두각을 나타낸다. 평범함으로는 누구에게도 인정받을 수 없다. 최고 직업에서 가장 탁월한 존재라는 것을 증명해 보이면 자연스레 빛나는 명성을 얻을 수 있다. 주목받지 못하는 직업이나 조직에서 뛰어난 성과를 거둠으로써 주변 사람들로부터 인정받는 것도 의미있는 일이다. 하지만 그것은 '위대한 성취'라고 하지는 않는다. 오히려, '그 정도 일은 나도 할 수 있어.'라는 대중의 질시 섞인 반응을 얻기가 쉽다. 탁월한 능력을 드러내 보여라. 은자(隱者)처럼 초야에 묻혀 살지 않고서야 세상 사람들과의 경쟁을 피할 방법이 없다.

세상살이에서 경쟁은 피할 수 없다

최고가
되라
Be High!

다른 사람들이 경험하지 못한 분야에 진출하는 것은 자신의 탁월함을 남들에게 알릴 수 있는 좋은 기회다. 사람들은 1등은 기억하지만 2등은 기억하지 않는다. 지혜로운 사람은 소의 꼬리가 되기보다는 닭의 벼슬이 되려고 한다. 명성을 얻으려면 언제 어떤 자리에서든 최고가 되어야 한다. 2인자는 모방자라는 평가 이상을 듣기 힘들다. 상종가를 달리는 직업의 2인자가 되기보다는 두 번째로 좋은 직업의 1인자가 되어라.

사람들은 1등만 기억한다

취미 선택의
중요성
Importance Of Choosing A Hobby

배움을 통해 지식을 늘릴 수 있는 것처럼 취미도 단련하기에 따라 얼마든지 품격을 높일 수 있다. 지혜로운 사람이 고상한 취미를 갖고자 노력하는 데는 특별한 이유가 있다. 고상한 취미를 갖고 있으면 좀 더 나은 것에 대해 알고 싶어하는 욕구가 커지고 그런 욕구를 채워나가면서 자신이 어느 정도나 발전할지 가늠해보는 즐거움이 생기게 때문이다.

상대방이 지닌 재능을 측정하는 가장 좋은 방법은 그 사람이 무엇을 바라는지 알아보는 것이다. 뛰어난 인물일수록 가치가 높은 것에만 반응한다. 그와 마찬가지로 성숙하지 못한 사람이 고상한 취미를 갖기는 힘들다.

취미는 사람들과 교제하는 가운데 연마되며 단련을 게을리하지 않아야 비로소 자신의 것이 된다. 고상한 취미를 가져라. 뛰어난 인물과 교제할 때 고상한 취미를 즐길 줄 아는 사람이 유리하다는 것은 만고불변의 진리다.

고상한 취미를 즐기는 사람이 출세한다

직업 선택의
중요성
The Importance Of Career Choice

업적은 대부분 다른 사람이 만족하느냐 만족하지 못하느냐로 평가된다. 따뜻하고 온화한 봄바람을 맞아야 꽃이 피고 잎이 성장하듯이 사람도 남들의 존경을 받아야 크게 성장하는 법이다.

별다른 노력을 기울이지 않아도 되는 일인데도 사람들이 대단하다고 여기는 직업이 있고 중요한 일을 하는데도 눈에 띄지 않는 직업이 있다. 눈에 띄지 않는 직업일수록 힘들며 그 가치에 걸맞은 대접을 받기는 어렵다. 이러한 직업은 존경받을 수는 있으나 칭찬받지는 못한다.

재능이 있다고 확신한다면 누구에게나 주목받을 수 있는 직업을 택하라. 명성은 대중의 관심과 직결되며, 대중은 자신의 눈에 들어오는 사람만을 바라보게 마련이다.

주목받을 수 있는 직업을 선택하라

실수했을
때
When You Made A Mistake...

　　지나간 일에 연연해하지 마라. 진정으로 지혜로운 사람은 흘러간 일에 연연해하지 않는다. 반성하고 같은 실수를 반복하지 않는 것은 현명한 일이지만, 과거에 사로잡혀 앞으로 해야 할 일을 소홀히 하는 것은 어리석은 일이다. 역사상 과거에 얽매여 고민하느라 시간을 낭비한 위인은 없었다.

　　신중하다는 것과 고민이 많다는 것은 분명히 구분되어야 한다. 신중한 사람은 자신의 장단점을 파악하기 위해서 노력하는 데 비해, 고민하는 사람은 자신에게 벅찬 과제를 선택하고는 해법을 찾지 못해 끙끙 앓는다. 일단 지나간 일은 어떻게 해도 원상태로 되돌려 놓을 수 없다는 사실을 인정하고 이미 저지른 잘못에서 무엇을 배울까를 생각하라. 한 번의 실수는 '그럴 수도 있지.'라고 받아들일 수 있지만 두 번, 세 번 반복되면 그것은 실수가 아니라 무능력이다.

　　　　과거에 얽매이지 말고 똑같은 실수를 반복하지 마라

결단성이 부족한
당신에게
Your Lack Of Determination

결단을 내리지 못하고 우물쭈물 미루는 것보다 일 처리가 거칠고 솜씨가 부족하더라도 재빨리 실행하는 편이 손실을 줄인다. 스스로 결단을 내리지 못하고 남들이 결정을 내려주기를 목이 빠져라 기다리는 사람이 있다. 그런 사람은 대개 어찌 해야 좋을지 판단 능력이 부족한 데다 겨우 내린 판단에 대해서도 실행하려는 마음의 자세가 거의 없다. 어려움을 예측하는 것은 평범한 사람도 가능하지만 어려움을 극복하는 방법을 찾아내는 것은 강한 의지로 무장된 사람만이 할 수 있다.

세상에는 남의 말에 개의치 않고 정확한 판단력과 결단력으로 끝내 성공에 이르는 사람도 있다. 그들은 높은 지위에 앉을 능력이 있음을 일의 성과로 증명한다. 그러므로 일단 입으로 꺼낸 말은 좋은 것이든 나쁜 것이든 즉각 행동으로 옮겨서 여유 있게 끝내버린다.

확신을 가지고 결단을 내려라

타인의
시선
The Eyes Of Others

평범한 사람은 실제의 참 모습이 아니라 외모에 따라 사람을 판단한다. 마음속에 든 악의를 달콤한 말과 부드러운 표정으로 감추면 그 속내를 알아내기 힘들다. 사람은 보통 아름다운 겉모습에 찬탄하고 화려한 말솜씨에 현혹된다.

남들에게 자신이 어떻게 보이는지를 항상 점검하라. 감상이나 연민, 슬픔과 기쁨도 쉽게 드러내지 말고 잔잔한 미소 속에 모두 감춰라. 아무리 좋은 의도를 가지고 사람을 대해도 표정이 나쁘고 말이 거칠면 긍정적 평가를 받기가 어렵다. 진실한 것도 좋지만 남들에게 어떻게 보이는지를 항상 점검하는 지혜가 필요하다.

남들에게 자신이 어떻게 보이는지를 점검하라

명성
Fame

직장에서 상급자란 이유로 아랫사람을 무시하는 이들을 종종 볼 수 있다. 하지만 이들은 중요한 사실 하나를 잊고 있다. 직위는 현재의 가치에 대한 인정일 뿐이지 사람이 가진 잠재성을 판단하는 잣대가 될 수 없다는 것을. 언뜻 보기에 부족해 보이는 사람이라도 가슴속에 지혜의 칼날을 들고 있는 경우가 많다. 다른 사람의 능력을 제대로 판단하지 못하는 사람은 높은 직위에 있더라도 얼마 못가 신중하고 지혜로운 사람에게 밀려나게 되어있다.

명성이라는 이름의 껍데기에 현혹되지 마라. 포장은 그럴 듯하지만 겪어보면 엉망인 사람이 세상에는 너무나 많다. 상대방이 이루어내는 성과를 보고 그를 판단하라. 허례허식에 사로잡혀 도움도 되지 않는 이들과의 친분관계를 억지로 맺을 필요는 없다.

명성에 함부로 현혹되지 마라

우쭐해지고
싶은가
Do You Want To Become Puffed Up?

어리석은 사람은 자신과 의견이 다른 사람들을 싸잡아서 비웃는다. 그러면 그들 또한 가만히 있지는 않는다. 그렇게 서로 비웃는 가운데 어리석음이 모두를 덮치게 되는 것이다. 옳고 그름은 어느 한쪽에 머물러 있지 않다. 어떤 입장에 서 있느냐, 어떤 방식으로 세상을 바라보느냐에 따라 달라질 수 있기 때문이다. 편향된 시각을 가지고 판단하는 사람은 코끼리 다리를 만지면서 기둥이라고 말하는 장님과 조금도 다를 바 없다. 자신의 판단이 잘못되지 않게 하려면 늘 중용의 미덕을 지키는 지혜를 배워라. 또한 사람들의 칭찬에 우쭐대지 말고 비난에도 기죽지 마라. 어차피 그들은 자신의 기준에 따라 좋고 싫음을 표현했을 뿐, 옳고 그름을 지적한 것이 아니기 때문이다. 지혜로운 사람은 백년도 가지 못할 찬사를 받기 위해 살지 않는다.

칭찬에 우쭐대지 말고 비난에 기죽지 마라

민폐 관리
Nuisance Management

쓸데없는 집착으로 남을 성가시게 하지 마라. 깔끔하게 처리하면 유쾌하고 기분 좋은 느낌이 들고 더 많은 일을 할 수 있다. 간결해서 간과해버린 것은 겸손함으로써 보완할 수 있다. 훌륭한 내용에 간단까지 하다면 효과는 두 배가 될 것이다. 핵심을 짚어 정확히 강조하면 오히려 더 훌륭하게 일을 처리한 것으로 인정받을 수 있다.

일을 번잡스럽게 만들지 마라. 남들에게 나눠줄 시간이 있다면 자신을 위해 조금 더 투자하는 게 몇 배 이득이 되는 장사다. 지혜로운 사람은 쓸모없는 이야기로 남을 귀찮게 하지 않는다. 일을 진행할 때도, 말을 할 때도 요점만 추려 간결하고 깔끔하게 하라.

번잡스러운 일을 자초하지 마라

경청의 힘
The Power Of Listening

　　자신에 대한 다른 사람의 평가에 귀를 기울여라. 높은 지위에 올랐다고 해서 남의 말에 귀를 꼭 막고있는 사람은 더 이상 발전 가능성이 없는 어리석은 사람이다. 그러나 남에게 존경받으려고 안달하지 마라. 강요한다고 해서 존경심이 일어나는 것은 아니다. 오히려 과도한 자부심은 세상 사람들로부터 경멸을 사게 되고, 반드시 대가를 치르게 된다.

　　상대방을 먼저 존중하라. 그럼 그 보답으로 당신도 존중받을 것이다. 지혜로운 사람은 이루어낸 일이 많아지면 자연스럽게 남들로부터 인정받는다는 사실을 알고 있다. 심지어는 한 나라의 왕도 자신의 능력과 주위 환경으로 인해 인정받기보다는 그가 데리고 있는 사람들이 이룬 업적을 통해 더 큰 존경을 받았음을 기억하라.

　　　　　　　　　　　　　　　항상 귀를 열어 두어라

책사 같은 사람이
곁에 있다면

If You Have A Good Gamesman By Your Side...

지혜로운 사람을 곁에 둬라. 지혜로운 사람이 지닌 은은한 향기는 주변으로 퍼져나가 사람들을 감동하게 한다. 지혜로운 사람을 부하로 두면 자신의 평판이 좋아진다. 그의 업적은 당신이 위대한 사람이 되도록 해줄 것이고, 그의 조언은 당신이 항상 깨어있도록 도와줄 것이다.

현명한 아랫사람을 인정하는 윗사람이 되어라. 아랫사람이 뛰어나다고 해서 윗사람의 명성이 손상을 입지는 않는다. 오히려 아랫사람의 성공이 윗사람을 더욱 명예롭게 만든다. 윗사람이야말로 앞뒤를 헤아려 최종적으로 결정하는 사람이기 때문이다. 그러니 도움을 줄수 있는 지혜로운 사람을 늘 곁에 둬라.

지혜로운 참모를 확보하라

포용력
Catholicity

아무나 가리지 않고 비난하고 물어뜯어 상처를 입히는 야수 같은 사람들이 있다. 이들에게는 적도 친구도 없다. 이들에게는 세상의 모든 일이 자신의 마음에 들지 않는다. 그렇다고 해서 이들이 능력 있고 탁월한 사람으로 불리는 것도 아니다. 오히려 제대로 할줄 모르는 사람일수록 남을 헐뜯기를 좋아한다. 이들은 험담에만 열중하느라 자신이 얻을 수 있었던 좋은 기회를 손가락 사이로 흘려버린다.

그에 비해 지혜로운 사람은 포용하고 용서하는 마음을 지녔다. 그들은 아주 사소한 것이라도 긍정적 측면을 바라보며 잠재된 가능성을 싹틔우기 위해 애쓴다. 기회는 모든 사람에게 공평하게 제공된다. 그것을 잡고 못 잡고는 자신에게 달려 있음을 잊지 마라.

포용하고 용서하는 마음을 지녀라

박수칠때
떠나라
Leave When You Get To The Summit.

해가 질 때까지 기다리지 마라. 때가 되면 미련을 버리고 그 자리를 떠나는 것은 지혜로운 사람이 지켜야 할 원칙이다. 날이 저물 때가 다가오면 해는 구름 뒤로 자신을 숨기고 밤으로 스러져가는 자신의 모습을 누구에게도 보여주지 않는다. 물러날 때가 되었을 때 과감히 포기하지 못하면 원성을 사게 된다. 남들이 등 돌리는 모습을 보고 싶지 않다면 먼저 등을 돌려야 하는 것이 세상의 이치 아닌가.

지혜로운 사람은 경주마를 은퇴시킬 시기를 안다. 경주 중에 쓰러져 모두의 비웃음을 사는 것보다는 정상의 자리에 있는 늠름한 모습을 사람들의 머릿속에 각인시키는 편이 훨씬 낫지 않은가. 미인 또한 마찬가지다. 미인은 거울에 자신의 늙은 모습을 비춰지지 않도록 너무 늦기 전에 거울을 깨어버린다. 이것은 적당한 때에 물러설 줄 아는 사람만이 알고 있는 지혜다.

떠날 때와 물러날 때를 알자

조급해하는
당신에게 2
Don't Be So Impatient.

　　불행의 늪 속에서 허우적거리며 아우성을 치는 사람에게 섣불리 도움의 손길을 내밀지 마라. 그들은 비명을 지르는 등 절박한 모습을 보이지만 사실은 불행의 하중(荷重)을 대신 짊어질 사람을 찾고 있을 뿐이다. 그들은 무언가 청할 줄만 알지 상대에 대해서는 조금도 생각하지 않는다. 이런 사람은 설령 과거에 협박을 했거나 속인 적이 있는 상대와도 교묘하게 연을 맺어둔다. 우리 몸을 위험에 빠뜨리지 않은 채 불행을 겪는 사람을 구하려고 한다면 먼저 침착하고 냉정해질 필요가 있다.

　　　　　　　　　　　침착성과 냉정함을 잊지 마라

친구
Friend

친구는 자기 자신을 비추는 거울과도 같다. 자기 수준을 뛰어넘는 친구를 사귀기란 정말 어렵다. 지혜로운 사람에게 친구 대접을 받는 것은 그만한 가치가 있다고 인정받는 것과 같다. 지혜로운 사람과 친구가 되기는 힘들지만, 일단 친구가 되면 인생에서 성공을 보장받은 것이나 다름없다.

지혜로운 친구가 내리는 평가를 믿고 따르라. 지혜로운 사람은 헛된 말로 친구를 들뜨게 하지 않는다. 지혜로운 사람을 친구로 사귀려면 가식이나 기탄없이 쾌활하고 솔직한 모습으로 접근하는 것이 가장 좋다. 자신을 과대하게 포장해도 싸늘한 냉소만 받게 될 것이기 때문이다.

하루에 한 사람씩 친구를 늘려나가라. 자기를 따르는 사람이라면 더 말할 나위 없이 좋다. 그중에도 분명히 알려지지 않은 보석 같은 친구가 숨어있을 것이다.

지혜로운 친구는 자신을 비추는 거울과 같다

평생 잘나가는
사람

Who Always Triumphantly

인생의 정점에 서 있을 때야말로 불행을 대비하기 좋은 시기다. 평판은 다른 사람의 애정을 통해서 얻게 되는 것이므로 긍정적 평판을 누리고 있을 때 남들의 호의를 얻기가 쉽다. 개미가 여름에 열심히 음식을 모으는 것은 겨울에 괴로움을 겪지 않기 위해서다. 자연이 알려주는 이러한 지혜에 귀를 기울여라.

어리석은 사람은 남들에게 인정받고 있다고 뻐기며 순간의 행복을 저장해둘 줄 모른다. 지혜로운 사람은 주위 사람들에게 많이 베푼다. 아무리 별 볼 일 없는 사람이라도 언제 큰 이름을 얻고 높은 자리에 오르게 될지는 누구도 장담할 수 없다. 되도록 많은 사람과 우호적 관계를 유지하고 여유가 있으면 그들을 도와라. 어려울 때 힘이 될 것이다.

잘나갈 때 불행에 대비하라

용서하기란
힘들지만
Difficult To Forgive

남에게 싫은 소리를 들을 만한 일을 저지르지 마라. 반감은 부르지 않아도 스스로 알아서 달려오는 법이다. 미움을 살 만한 일을 하는 사람은 자기도 모르는 사이 주변에 아무도 남지 않았음을 깨닫게 된다. 이것은 마치 뱀에 물리면 독이 온몸에 퍼져나가는 것과 같다. 재빨리 빨아내지 않으면 곧 몸이 뻣뻣해지고 결국에는 죽는다.

여유롭고 넉넉한 마음과 다른 사람의 잘못을 기꺼이 용서해주는 배포를 가져라. 미움이라는 이름의 독에는 용서만한 약이 없다. 증오심을 마음에 오래 담고 있으면 자신에게도 손해다. 아무리 깊숙이 감추어놓고 있어도 원망하는 마음은 썩는 냄새를 피우기 때문이다.

뿌린 대로 거두는 것이 세상의 이치다. 존경받고 싶다면, 늘 존경하라. 그리고 성공해서 보상받고 싶다면 먼저 다른 사람에게 보상하라.

뿌린 대로 거둔다. 미움에는 용서만한 약이 없다

너무
솔직해도
It Should Not Be Too Honest.

＼　　자신의 마음을 드러내 보이지 않는 것 못지 않게
중요한 일이 있다. 자신의 실수를 남에게 들키지 않는 것이
다. 세상에는 실수하지 않는 사람이란 없다. 다만 정도의
차이가 있을 뿐이다. 실수를 은폐하지 못하는 것은 실수를
두 배, 세 배로 키우는 일이다. 지혜로운 사람은 자신에게
돌아올 손해를 예견하고 실수를 감추며, 바보는 솔직함이
미덕이라고 생각하고 잘못을 이실직고한다.

　세상의 평판은 바른 행동을 했다고 해서 좋아지는 것이
아니라 눈에 띄는 영역에서 얼마나 멋지게 보이느냐에 달
려 있다. 높은 지위에 오를수록 실수를 감추는 자세가 필요
하다. 위대한 사람을 끌어내리는 것은 대중의 평판에서 비
롯된다. 가능하다면 자신까지도 속여라. 자신의 실수를 마
음속으로라도 인정하고 있으면 부지불식간에 입을 통해 새
어나오게 마련이다. 실수를 남에게 드러내지 않는 것은 지
혜로운 사람이 반드시 지켜야 할 능력 중 하나다.

실수를 감춰라

참견하기 좋아하는
당신에게
If You Meddlesome...

폭풍우가 몰아칠 때 안전한 항구로 돌아가는 것은 지혜로운 선장이 선택할 수 있는 최소한의 대비책이다. 주위 사람들의 문제에 쓸데없이 간여하지 마라. 어설프게 남을 도우려다 오히려 일을 더 망치는 경우가 비일비재하다. 남의 문제는 자연스럽게 물 흘러가는 대로 내버려 두라. 노련한 의사는 치료를 해야 할 때와 그러지 말아야 할 때를 구분할 줄 안다. 때로는 아무런 치료도 하지 않는 것이 나을 수도 있다. 손으로 더럽혀진 시냇물을 정화하겠다고 물속에 들어가 봐야 흙탕물이 가라앉기는커녕 물이 더 흐려지는 법이다. 다른 사람에게 문제가 있다면 스스로 고칠 때까지 기다리는 것이 가장 지혜로운 방법일 수도 있다.

남의 문제에 개입하지 마라

일이
안 풀릴때
When Things Go Wrong...

    카드게임을 하다 보면 게임 종류를 계속 바꾸어 봐도 영 풀리지 않을 때가 있다. 인생을 살아가는 것도 마찬가지여서, '왜 이렇게 일이 꼬이지?'라는 생각이 들 정도로 운이 없을 때가 있게 마련이다. 그럴 때는 잠시 뒤로 물러나, 일에서 손을 떼는 편이 차라리 낫다. 어느 누구도 항상 승승장구할 수는 없는 노릇이니까.

    어떤 날은 아무리 용을 써도 되는 일이 없다가도 어떤 날은 조금만 애쓰면 모든 일이 확 풀리기도 한다. 운은 어차피 돌고 도는 것, 불운이 찾아왔을 때는 잠시 쉬어가라.

항상 승승장구할 수는 없다

현명해지고
싶다면
If You Want To Become Wise...

　　다른 사람을 꿰뚫어 보는 방법을 배워라. 겉모습을 번드르르하게 꾸미고 다니는 사람일수록 제 역할에 충실하지 못하거나 남을 속이려고 꿍꿍이를 꾸미고 다닐 확률이 높다. 어리석은 사람은 화려하게 치장된 겉모습에 현혹되어 현명한 판단을 내리지 못하고 교활한 사람들에게 끌려 다닌다. 진실은 원래 속도가 느려서 오랜 시간이 지나야 마지막으로 겨우 도착한다. 그래서 현명한 사람은 한쪽 눈과 귀로는 겉모습을 관찰하면서도 나머지 눈과 귀는 진실을 향해 열어놓고 느긋하게 기다린다. 남을 속이려는 사람이 서두르는 이유는 진실이 드러날 때 설 자리를 잃기 때문이다.

　　차분한 마음으로 진실이 수면 위로 떠오르기를 기다려라. 그것이 상대를 꿰뚫어 보는 가장 좋은 비결이다.

　　　　느긋한 마음으로 진실이 나타날 때를 기다려라

자신을
돋보이려면
The Ways To Make You Stand Out

　　자신과 비교해서 지나치게 뛰어난 친구는 사귀지 않는 게 좋다. 자기보다 탁월한 사람과 사귀면 늘 비교당하고 자신감을 잃게 된다. 아무리 진실하고 성의를 다하는 사람이라도 더 뛰어난 사람 근처에 머물면 빛을 잃게 된다. 최고가 되지 못하면 그림자로 존재할 수밖에 없다.

　　지혜로운 사람은 자신의 빛을 가리는 사람 가까이 가지 않는다. 자신을 돋보이게 해 주는 사람들과 사귀어라. 마르티알리스(고대 로마의 시인)의 시에 등장하는 파불라는 못생기고 세련되지 않은 여자만 골라서 몸종으로 삼았다. 그렇게 함으로써 그녀는 자신의 아름다움을 한층 눈에 띄게 할 수 있었다. 자신의 평판이 남의 영예를 더하는 데 쓰이는 억울한 일도 세상에는 있는 법이다. 이름이 알려진 뒤에는 자신을 돋보이게 하는 사람과 함께 하라.

　　　　자신을 돋보이게 하는 사람과 교류하라

남의 말을 듣는 자세
Attitude Of Listening

　　남의 말이 아무리 그럴듯하더라도 쉽게 현혹되지 말고 진중한 태도를 유지하라. 그러나 상대방이 한 말을 두고 진실인지 아닌지 대놓고 의심하는 것도 별로 좋지 않다. 어차피 말이라는 것은 돌고 돌아 그 대상에게 돌아가게 되며, 그로 인해 상처받은 사람은 복수의 칼날을 마음속 깊이 감추게 된다.

　　남의 말을 듣고 판단할 때는 조심하라. 남을 의심하는 것은 한도 끝도 없어서 결국 아무도 믿지 못하게 된다. 그뿐 아니라 함부로 판단을 내리다가 다른 사람으로부터 신뢰를 잃게 되기 때문이다. 지혜로운 사람은 무슨 이야기를 들어도 일단 그에 대한 판단을 보류한 채 깊이 숙고하며 여러 통로를 통해 확인한다. 로마의 철학자 키케로는 경솔하게 남을 사랑해서는 안 된다고 가르쳤다. 사랑을 빙자하여 그럴듯한 이야기를 꾸며대는 사람을 경계하라는 말이다.

　　　　　　　　　　매사에 진중한 태도를 유지하라

분노하기 쉬운
사람
Quick-Tempered Person

지혜로운 사람은 극단적인 상황이 발생하려고 할 때 미리 마음의 준비를 한다. 격렬한 논쟁에 휩싸여도 최소한의 이성을 유지하기 위해서다. 냉정함을 잃고 있다는 사실을 인정하는 것은 의식적인 감정 조절을 위해 가장 먼저 할 일이다. 일단 정신적으로 제동을 걸었다면 그 다음에는 육체적인 반응을 일으킬 필요가 있다. 깊고 느리게 숨을 쉬는 사람은 좀처럼 화를 내는 법이 없다. 이완된 육체가 감정 조절을 돕기 때문이다. 그렇게 잠시 숨을 돌리는 동안 당신의 이성은 다시 분별력을 발휘하기 시작한다. '말(馬) 위에서는 현명한 사람이 없다'는 스페인 속담이 있다. 감정이라는 이름의 날뛰는 말 위에서는 제정신을 잃지 않는 사람이 그만큼 적다는 뜻이다. 격한 감정이 치밀어 오를 때 자제의 고삐를 당길 줄 아는 지혜로운 사람이 되어라.

자기감정을 지배하는 사람이 되어라

인내의
중요성
The Importance Of Patience

많이 배운 사람일수록 남을 대하는 눈이 엄격해진다. 지식이 늘어나면 남을 평가하는 기준이 엄격해지기 때문이다. 학식이 높은 사람의 안목에 꼭 들어맞는 사람을 찾는 일은 결코 쉽지 않다.

그리스의 철학자 에픽테토스는 이렇게 말했다.

"살아가는 데 있어서 가장 중요한 것은 인내할 수 있는 의지이다."

멍청한 사람의 행동을 보고도 참을 수 있는 사람은 살아가며 얻을 수 있는 지혜를 손안에 쥐고 있는 셈이다. 믿고 따라야 하는 윗사람이 어리석다면 정말 고통스러운 일이다. 그러나 그러한 때야말로 인내심을 기를 수 있는 절호의 기회가 된다. 인내는 사람을 지혜롭게 하는 자양분임을 기억하라.

인내는 사람을 지혜롭게 하는 자양분이다

당신은
귀가 얇은가
A Reed Shaken With The Wind

　　지혜로운 사람은 말만 번지르르한 사람과 실천하는 사람을 구별할 줄 아는 날카로운 안목이 있다. 그들은 지위나 그 밖의 조건들로 이익을 얻으려고 얼쩡대는 사람을 상대할 때, 겉으로 표현하지는 않지만 진실한 마음으로 자신을 도우려는 사람과 다르게 대처할 줄 안다.

　　비록 질 나쁜 행동을 하지는 않더라도 험담이나 늘어놓고 다니는 사람을 가까이하지 마라. 이런 사람은 재미삼아 상대의 약점을 들춰내고 추문을 퍼뜨리는 일에 몰두한다. 또한 소문만 가지고 불확실한 일을 진실인 양 받아들이지도 말고 아첨하는 말에 현혹되지도 마라. 그럴듯한 말에 넘어가는 사람은 마치 거울에 비친 모이를 쪼아 먹으려다 함정에 갇힌 새처럼 불행해지게 마련이다. 허영심이 강한 자들은 이러한 꾐에 무방비 상태로 넘어간다. 번듯한 말에 속지 말고 사람의 됨됨이를 볼 줄 아는 지혜를 갖춰라.

아첨과 아부에 넘어가지 마라

지식 습득도
체하지 않게
Wisdom To Live Happily

지혜로운 사람은 세상의 이치를 깨닫고 있으며 인생을 즐기는 방법도 안다. 그리하여 쫓기듯 하루를 살아가지 않는다. 그들은 미래 계획을 세움으로써 여유롭고 행복한 삶을 살아간다. 여유 없는 인생만큼 고달프고 괴로운 것도 없다. 그것은 마치 노독(路毒)에 지쳐 허름한 여관의 쪽방에서 잠이 드는 나그네의 삶과도 같다.

어리석은 사람은 불확실한 행운을 믿으며 평생에 걸쳐 소화시킬 수 없는 양을 한꺼번에 먹어치우려고 한다. 그런 사람은 성과를 내야 한다는 강박관념에 사로잡혀 중요한 것을 놓치고 만다.

지혜로운 사람은 지식을 얻을 때도 결코 재촉하지 않는다. 꼭꼭 씹어서 잘 소화시킨 지식만이 피가 되고 살이 된다는 점을 알고 있기 때문이다. 일은 신속하게 해치우는 게 좋지만 인생은 천천히 즐기는 편이 낫다. 행복하게 사는 지혜는 바로 여기에 있다.

미래를 예측하고 계획을 세워라

있는 척하는
사람
Those Who Pretend Well-Off

'퍼주기'를 좋아하는 사람이 있다. 그런 사람은 실속은 하나도 없는데 명분에 집착해 잔뜩 베풀어 놓고는 '전부 미래를 위한 투자였다'고 자위한다. 더 바보 같은 짓은 이렇게 퍼주고 난 후에는 마음이 옹졸해져 해준 만큼 보상받지 못한다고 남을 탓하는 것이다.

지혜로운 사람은 허세를 부리지 않으며 실속을 차릴 줄 안다. 내 손 안의 새 한 마리가 숲에 사는 새 수백 마리보다 더 가치가 있다. 지혜로운 사람은 자신에게 득이 되는 일을 하고 쓸데없이 손해 볼 일은 하지 않는다. 여럿이 앉은 식탁에서 체면을 차리느라 음식을 계속 사양하다 보면 배가 고프기 마련이다. 당장 여유가 없는데도 자신의 능력을 뛰어넘어 동정을 베풀지는 마라. 가진 것이 많아지면 자연스레 주위를 돌아볼 여유도 생긴다.

능력 밖의 동정을 베풀지 말라

행운을 따르게
하는 법
How To Follow Good Luck

　　한두 가지라도 행운을 불러들일 만한 요소를 갖고 있지 않은 사람은 없다. 다만 어떻게 해야 행운을 불러들일 수 있는지를 모를 뿐이다. 특별한 이유도 없는데 윗사람에게 쉽게 인정받거나 어렵지 않게 승낙을 얻어내는 사람이 있다. 이들은 행운의 여신으로부터 사랑을 받고 있는 것이다. 행운이 있는 사람은 약간의 노력을 보태는 것만으로도 인생의 장도(壯途)에서 성공을 향해 나아갈 수 있으니 남들의 부러움을 살 수밖에 없다.

　　이렇듯 지혜로운 사람은 자신에게 어울리는 행운을 찾아낼 줄 안다. 인정받지 못하던 사람이 지역이나 분야를 바꿔서 목표를 성취하는 일이 생기는 것은 행운을 읽을 줄 아는 사람이 자신에게 맞는 일을 찾아낸 결과다. 행운의 여신은 마음이 내키는 대로 운명의 카드를 뽑는다. 하지만 자신의 카드를 적절한 때에 내미는 것은 인간 능력이다.

　　　　　　자신의 카드를 적절한 때에 내밀어라

하고 싶은 대로
다 할 수만 있다면
If You Can Do Everything You Want...

남들이 좋다고 하는 것이 있으면 거기에 매달려 자기 일을 등한시하는 사람들이 있다. 객관적으로 볼 때 그것이 실제로 자신의 것보다 나을 수 있다. 그러나 남들이 선호하는 것에서 자신의 행복을 얻을 수 있는지는 경험해 보기 전에는 알 수 없는 일이다. 아무리 어리석은 사람일지라도 불행해지기를 원하지는 않는다. 어리석은 사람은 그저 남들이 좋다고 하는 것을 좇고 이룰 수 없는 일에 도전하느라 불행해지는 것이다.

다른 사람의 행복을 부러워하지 마라. 과거에 아무리 위대한 업적을 이룬 사람이 있고 행복하게 산 사람이 있다고 해도 우리는 지금 이 순간에 살고 있으며 우리가 추구해야 할 대상도 이곳에 있다. 지금 가진 것에 만족하고 현실에 최선을 다해 살아가는 사람이 지혜로운 사람이다.

타인의 행복을 부러워하지 마라

친구를 사귀는 법
How To Make Friends

친구를 사귈 때 대부분 인연을 가장 중요하게 여긴다. 그러나 친구를 선택하는 데도 기술이 필요하다. 친구를 고를 때에는 분별력이 있는 사람인가 아닌가를, 심지어는 운이 좋으냐 나쁘냐까지도 살펴본 다음 선택해야 한다. 의지가 굳건하고 총기로 눈이 빛나는 친구라면 금상첨화다. 인생의 성공이 좋은 친구를 두고 있느냐 없느냐에 달려 있는 데도 그러한 점에 특별히 유의하는 사람은 없는 것 같다.

대개 사람은 그의 친구를 보면 판단할 수 있다. 지혜로운 사람은 어리석은 사람과 친해지는 경우가 없다. 그리고 그저 즐거움만을 찾아 어울리는 우정은 끝이 좋지 못한 경우가 많다. 인생살이에 풍성한 열매를 가져오고 성공을 약속하는 우정은 서로 대등한 입장에서 서로를 과감하게 비판할 줄도 알아야만 성립된다. 친구가 많다고 해서 좋은 것은 아니다. 친구를 사귈 때는 충분히 까다로워져라.

친구를 고를 때 충분히 까다로워져라

높은 자리에
오르면
When You Are Raised To High Places...

시대에 순응하기보다 시대를 이끌어 나가는 사람이 되어라. 바라는 것을 모두 손에 넣고 있는 사람의 명성이 훼손당할 이유는 거의 없다. 높은 자리에 오르기 위해 노력하라. 세상을 살아가는 데는 두 가지 길이 있다. 하나는 단순하지만 용감한 사람들이 선택하는 길로서 남들이 가지 않은 곳을 찾아 새롭게 도전하는 것이고, 다른 하나는 영리한 사람이 택하는 길로서 높은 자리에 있는 사람의 힘을 빌려서 큰 업적을 이루는 것이다. 똑똑하고 요령 있는 사람이 단순하고 용감한 사람보다 세상에 더 크게 공헌한다. 지나치게 맑은 물에는 물고기가 살지 못하며, 옳은 말만 하고 다니는 사람은 독배(毒杯)를 마시게 된다. 지혜로운 사람이 외곬 인생을 지배해 왔다. 높은 지위에 올라 가진 것이 많은 사람이 되어라. 내세울 것이 없는 사람은 남들에게 업신여김을 당하게 마련이다.

높은 자리에 올라 세상에 기여하라

매사에
부정적이라면
If You Are Negative About Everything...

칼을 쥘 때는 항상 칼자루를 잡아야 한다. 칼자루를 쥐는 사람은 우위에 서서 일을 하게 되지만 칼날을 쥐는 사람은 수세적인 입장에서 일을 하게 된다. 그렇다. 지혜로운 사람은 언제나 칼자루를 쥐고 있으므로 적들이 함부로 덤벼들지 못한다. 모든 일에는 양면이 있고, 장단점이 상존한다. 지혜로운 사람은 인생에서 고통보다는 즐거움을 얻는다. 긍정적인 면을 먼저 생각하기 때문이다. 악상황에서도 긍정적 면모를 바라볼 줄 아는 사람은 언제나 행복하다. 썩은 사과를 골라내면서 '멀쩡한 사과가 이렇게 많이 남았군.'이라고 생각하는 사람과 '멀쩡한 사과가 이것밖에 남지 않았군.'이라고 생각하는 사람이 느끼는 행복의 차이는 결코 작지 않다. 같은 결과를 놓고 행복을 느끼는 사람과 슬픔에 괴로워하는 사람이 함께 있다면 지혜로운 쪽은 당연히 행복을 느끼는 사람이라는 점을 잊지 마라.

긍정적으로 사고하라

말로 남을
헐뜯지 마라
Do Not Disparage Others Verbally.

　　유명세를 타기 위해 다른 사람의 명예를 손상시키지 마라. 조그마한 이득을 얻으려고 말을 부풀려 다른 사람에게 손해를 끼치지도 마라. 그런 사람은 남의 명예를 더럽히는 사람이라는 평판을 얻는다. 다른 사람을 희생시킴으로써 얻는 악명은 치명적이다. 남을 헐뜯는 사람은 당연히 보복을 받게 되고 그런 사람들이 감당할 수 없을 정도로 많아져 커다란 손실을 입게 된다.

　　높은 지위에 있는 사람들이 당신에게 관심을 갖는다고 해서 결코 우쭐대지 마라. 그들은 그저 여흥거리로 험담꾼의 재롱을 바라보는 것이다. 언제나 비난과 폄훼(貶毀)의 화살이 사수(射手)의 가슴을 겨냥하고 돌아온다는 사실도 잊지 마라.

비난은 사수의 가슴을 겨냥한다

생각과
행동
Thoughts & Actions

　　지혜로운 사람이라면 비밀은 언젠가는 드러난다는 점을 명심해야 한다. 낮말은 새가 듣고 밤말은 쥐가 든는다. 그러므로 지혜로운 사람은 혼자 있을 때에도 허튼 짓을 삼가며, 세상 사람들이 모두 자신을 주목하고 있는 것처럼 행동한다.

　　자신의 생각을 남에게 털어놓는 것도 주의해야 한다. 한 번 털어놓을 때마다 증인 한 사람이 더 생겨나며, 그 증인이 언제 비밀을 공공연히 까발릴지 모르는 일이다. 비밀이란 조금만 누설되어도 전부가 순식간에 힘을 잃어버린다. 그래서 지혜로운 사람은 누구와 말다툼을 할 때에도, 비밀이 새어 나가지 않도록 마음 단속을 철저히 하고 비밀을 입 밖으로 내놓지 않는다.

　　　　　　밤말은 쥐가 듣고 낮말은 새가 듣는다

마음의
여유
Breadth Of Mind

　　　　성공하기 위해 숨 가쁘게 달려가는 사람은 두 눈에 가리개를 씌워 앞만 바라볼 수 있게 만든 경주마와 같다. 일에 매진하는 것도 좋지만, 주변을 둘러볼 수 있는 여유가 없다면 나중에 상실의 아픔을 끌어안고 절망하게 된다. 지혜로운 사람은 눈앞에 보이지 않는 것까지 두루 살펴보려고 한다. 당면한 문제를 해결하는 데에 지나치게 매달리다가 더욱 소중한 것을 잃어버릴 수도 있음을 잘 알기 때문이다. 남들에게 인정받고 성공한다고 해도 자신이 마땅히 지켜야 할 존재에게 꼭 필요한 관심을 쏟지 못했다면 그 인생이 완벽하다고 말할 수 있겠는가. 맹목적인 의지는 무기력한 이성만큼이나 사람의 삶을 파괴한다. 언제나 눈을 크게 뜨고 좌우를 둘러보는 지혜를 가져라.

여유 있는 삶의 자세를 가져라

중용과
균형
Moderation & Balance

무슨 일이든 한쪽으로 치우쳐 몰두하는 것이 좋지 않다는 건 평범한 사람들도 알고 있는 진리다. 그런데도 자신을 위해서만 또는 남을 위해서만 사는 우매한 삶의 방식을 추구하면서 어려움을 자초하는 사람들도 있다.

지혜로운 사람은 때때로 타인을 위해서 정성을 쏟을 줄 안다. 주는 만큼 얻게 마련이라는 간단한 황금률을 몸으로 실천하는 것이다. "공복(公僕)으로 재직하는 사람은 국민의 뜻을 헤아려 따를 줄 알아야 한다. 그 무거운 짐을 맡지 못하겠다면 차라리 그만두는 편이 낫다." 어느 현자가 한 이 충고는 높은 지위에 있는 사람은 마땅히 봉사정신을 지녀냐 함을 지적한 좋은 예다. 그렇다고 오로지 남을 위해서만 살아가는 사람이 지혜로운 사람이라는 말은 아니다. 지혜로운 사람은 봉사에서도 중용(中庸)과 균형을 찾을 줄 아는 사람이다. 누가 당신에게 접근해서 자문을 구하고 지식과 지혜를 나누어 가지려는 것은 자신들의 이익과 상관이

있기 때문이지 결코 당신을 위해서가 아니다. 헛된 수고로
아까운 시간을 낭비하지 않는 것이야말로 현명한 사람이
택해야 할 삶의 방식임을 기억하라.

베푼 만큼 받는다

삶의
요령
Know-How Of Life

　　상인들처럼 실생활의 요령을 잘 알고 있는 사람들과 교유하라. 명상을 통해 근원적인 질문을 던지고 남들을 이해하고 파악하는 것만이 지혜가 아니기 때문이다. 똑똑한 사람들의 맹점은 비범한 재능을 가지고 있으면서도 일상적인 일을 수행할 능력이 부족해 남들에게 속는다는 것이다.

　　지혜로운 사람이라면 마땅히 구체적인 삶의 요령을 깨달아야 한다. 장사꾼들은 비천한 존재처럼 보이지만 가장 적은 수고로 큰 이득을 남기는 방법을 알고 있다. 인생을 알아간다는 것은 실용적인 사람들과 교유하면 인생을 살아가는 요령을 배우게 된다.

실생활의 구체적인 요령을 배워라

도움을 줄 때도
타이밍이 중요하다
Timing Is Also Important To Help.

먼저 은혜를 베풀고 보상은 나중에 받아라. 이는 지혜로운 사람이 쓰는 훌륭한 책략이다. 지혜로운 사람이 긍정적 평판을 얻는 것은 대가 없이 베풀기 때문이다. 대가를 기대하지 않는 태도가 남들에게 호감을 사는 것이다. 실제로 보상을 받지 못하게 되더라도 현명한 사람은 실망하지 않는다. 마음의 빚을 지워두었다고 생각해서다. 선행으로 마음의 빚을 많이 지워두면 언젠가는 돌아오게 된다. 그리고 호의를 베풀기로 마음먹었다면 신속하게 하는 게 좋다. 적재적소(適材適所)라는 단어처럼 꼭 필요할 때 도움을 줘야 받는 사람이 고마워한다. 정말 필요할 때 도움을 받은 사람은 마음에 커다란 빚을 지니고, 감사하는 마음을 오랫동안 간직한다.

대가를 바라지 말고 도와라

남의 비밀에
관심 두지 마라
Mind Your Own Business.

윗사람의 비밀을 알려고 듣지 마라. 누구나 자신의 추함을 드러내고 비추는 거울은 보지 않으려고 한다. 윗사람이 마음을 터놓고 자신의 비밀을 고백한다고 해서 당신이 커다란 신임을 얻었다고 생각하는 것은 착각이다. 뱀이 허물을 벗듯이, 의존 관계가 더 이상 필요없어지면 내침을 당할 최우선 순위에 올라가게 된다는 사실을 잊지 마라. 게다가 공공연히 비밀을 떠벌리고 다닌다는 인상을 심어주어서는 안 된다. 화장실 갈 때와 나올 때의 마음가짐이 다르듯 만약 비밀의 'ㅂ'만 입 밖으로 나올 낌새가 보여도 처절하게 응징을 당할 수 있다.

자신의 비밀을 남에게 털어놓는 것은 더욱 좋지 않다. 쓸데없는 고백은 자신을 노예처럼 남들에게 종속시킨다. 한 번 잃어버린 자유는 되찾기가 정말 어렵다. 비밀은 들어서도 안 되고 발설해서도 안 된다.

비밀, 듣지도 말고 말하지도 마라

때론
바보인 척
Sometimes Silly Pretending

＼　　주변에 어리석은 사람만 잔뜩 모여 있을 경우가 있다. 어리석음이라는 이름의 병은 금방 옆 사람에서 옆 사람으로 전해져 모두 감염되는 데 오랜 시간이 걸리지 않는다. 그런 자리에서 자신의 지식을 드러내봐야 오히려 이상한 사람으로 낙인찍히기 쉽다. 그렇다고 똑같이 어리석어져서는 곤란하다. 진정한 지혜는 마음속에 갈무리하고 꼭 필요한 실용적 지식만을 내보여라. 세상에는 바보의 탈을 쓰고 인생을 살아가는 지혜로운 사람이 아주 많다.

　　　　　　　　　　때로는 바보처럼 살 필요도 있다

화를
키우지 마라
Do Not Raise Anger.

　　　사소한 재앙이라고 가볍게 여기지 마라. 홀로 찾아오는 것은 없다. 행복이든 불행이든 모든 것은 사슬로 연결되어 있는 법이다. 불행이 잠들어 있으면 그것을 깨우지 마라. 조금만 미끄러지면 불행은 계속될 것이며 그 나락의 끝은 알 수 없다. 완벽한 행복은 얻기 어려운 만큼 재앙 또한 그 끝을 헤아리기가 어렵다. 하늘에서 내려오는 일은 인내로써 감내하고 지상에서 일어나는 일은 지혜로써 현명하게 대처하라.

　　　　　　　사소한 재앙도 인내와 지혜로 대처하라

친구 2
Friend

불행을 함께 나눌 친구를 찾아라. 전쟁터에서도 도움을 주러 오는 원군이 있고 궁지에 빠져도 벗어날 길이 생긴다. 남과 싸움을 할 때도 자기편을 들어주는 친구가 있으면 든든한 법이다.

모든 책임을 자기 홀로 지려고 하는 사람도 있지만, 세상의 혹독한 비판을 혼자서 감당해내기란 결코 쉬운 일은 아니다. 과오를 저질렀다고 하더라도 너그럽게 이해해 주고 어려운 고비를 함께 극복해 갈 친구가 있어야 한다.

운명의 신은 인생에 무거운 짐을 얹어 놓는 일에는 능하지만 한 편인 두 사람을 동시에 공격할 만큼 날렵하지는 않다. 과실(過失)이라는 괴로운 짐을 함께 나누어질 사람을 찾아라. 불운을 자기 혼자서 이겨내야 하는 것만큼 어려운 일은 인생에서 그리 많지 않다.

불행을 함께 짊어질 친구를 사귀어라

친구 3
Friend

　　만만치 않은 적수일수록 능력이 있다는 사실은 부정하기 어렵다. 경쟁심은 경쟁심대로 유지하되 능력은 있는 그대로 인정해야 할 필요가 있다. 멍청한 친구는 자신에게 마이너스가 되지만 뛰어난 적수는 호승심(好勝心) 때문에라도 긍정적 효과를 가져온다. 지혜로운 사람은 상대가 뛰어나다면 같은 편으로 끌어들이는 과단성이 있다.

　　나의 명예를 훼손하려는 상대에게도 칭찬을 아끼지 말아라. 그리고 상대에게 은혜를 베풀라. 그러면 상대가 가진 혀끝의 독은 감사로 변하고 악의는 신뢰로 바뀔 것이다. 이는 몸에 익힐 만한 가치가 있는 처세술이다. 뛰어난 적을 친구로 삼으면 훌륭한 협조자가 된다.

뛰어난 적을 친구로 삼아라

소신과 고집을
구분하지 못하는 사람

**Those Who Can Not Distinguish
Between Belief And Persistence**

　자존심 때문에 옳고 그름을 떠나 그저 고집만 부리는 사람이 있다. 이 비참한 습성은 고집을 실행에 옮김으로써 한층 악화된다. 완고한 행동은 고집스러운 말보다 더 큰 해악을 끼친다. 현명한 사람은 토론하다가 잘못을 깨달으면 자신의 의견을 굽히고 재빨리 올바른 쪽을 선택하나 어리석은 사람은 끝까지 밀고 나간다. 고집을 부리는 것보다 더 위험한 것은 고집을 꺾지 않고 잘못을 실행하는 것이다.

　사려 깊은 사람은 잘못된 선택을 했을 때라도 올바른 쪽을 알아차리면 자신의 입장을 수정하며 감정에 치우치지 않고 이성적으로 올바른 결정이 무엇인가를 찾는다. 논쟁에 대해서도 마찬가지다. 지혜로운 사람은 상대가 자신의 논리가 지닌 한계점을 파악했을 때에는 즉각 논점을 옮기든가 자신의 견해를 수정해서 새롭게 대응한다.

　　　　이성을 갖고 올바른 방향을 찾아 행동하라

때론
잊어라
Sometimes Forget

기억력은 때때로 주인의 뜻과 반대로 작동해 주인을 낭패하게 만든다. 기억해야 할 것은 쉽게 잊히고 잊어야 할 일은 좀처럼 머릿속을 떠나지 않는다. 과거의 일로부터 초연해지려면 잊어버리는 기술을 습득하라. 지혜로운 사람은 그렇게 한다. 물론 기억력은 단련으로 증진시키거나 조절할 수 있다기보다는 생태적으로 타고나는 측면이 크다. 고통스러운 일에 대해서는 한없이 많이 할애하고 즐거운 일에는 인색한 것이 기억의 속성이다. 괴로운 기억으로 힘들 때는 신경을 분산시키기 위해 몸을 혹사해도 좋다. 피곤에 절은 육체에는 다른 생각이 깃들 여지가 없다. 기억이 아무리 잔인한 존재라고 해도 영원하지는 않다. 지혜로운 사람은 불편한 기억들로 인해 고통받지 않는다. 나쁜 기억도 시간에 풍화되어 언젠가는 조용히 스러지고 말 것임을 알기 때문이다.

잊어버리는 기술을 습득하라

비움은
또 다른 채움이다
Emptying Is Another Filling

　　모든 것을 소유하려고 하지 마라. 주둥이가 좁은 병에 손을 집어넣고 욕심을 내어 너무 많이 꺼내려하면 손이 빠지지 않아 고생한다. 일의 성과는 남과 나누고, 금전은 부족하지 않을 만큼만 소유하고 다른 사람들에게 베풀어라. 남이 소유하고 있는 것을 즐길 줄 아는 지혜만 있으면 인생이 즐겁다. 일이나 물건을 뺏기지 않을까, 잃어버리지 않을까 노심초사할 이유도 없고 언제나 새롭다는 느낌을 받으며 즐길 수 있다. 가진 것을 내놓을 때 또 다른 것으로 채울 수 있다.

　　　　　　　　　　부족하지 않을 만큼만 가져라

운명의
힘
Power Of Destiny

＼　　　　운명은 언제나 인간의 삶에 끼어들어와 약탈하고 맘껏 희롱하며 오래 준비한 계획까지도 단숨에 뒤집어 버린다. 운명의 힘을 간과하지 말라. 특히 중요한 일을 수행 중이라면 더욱 그렇다. 생각과 마음과 행동과 태도에서 틈을 보여서는 안 된다. 긴장을 늦추는 바로 그 순간, 운명은 장난을 치기 시작한다. 잠시라도 태만한 자는 몸과 마음 모두 파멸될 수 있다. 경계심을 풀었다가 운명의 장난에 의해 쓰러지면 기회를 노리고 있던 자들이 가차 없이 당신을 밟고 올라선다. 성경에도 나오듯이 신랑이 오는 날, 준비하고 기다리지 않은 신부는 자신의 결혼식에 참석하지 못했다.

운명의 힘을 간과하지 마라

무모한 도전을 즐기는
사람에게
To Those Who Enjoys A Reckless Challenge

확실한 방법을 선택하라. 독창적이라고 인정을 받지는 못하지만 적어도 건실하다는 평가는 얻을 수 있다. 모든 면에서 정통한 사람이라면 위험을 무릅쓰고 자기 자신의 꿈을 키워 나가도 좋다. 하지만 잘 알지 못하는 상태에서 위험을 무릅쓰고 사업을 진행하는 것은 파멸의 길로 들어서는 것과 다름없다.

무슨 일이든 정도로 나아가라. 수많은 시행착오를 거쳐 확립된 길이라면 잘못될 일은 거의 없다. 자신만의 특별한 방식을 정립하지 못한 사람은 잘 알려진, 큰 길을 따라가는 편이 낫다. 섣불리 오솔길을 걷다가 길을 잃는 것은 숲을 여행하는 초보자가 범하기 쉬운 실수다. 잘 모르면 가장 안전한 길을 택하는 것이 지혜로운 사람이 취해야 할 자세다.

돌다리도 두드려 보고 건너야 한다

당신 주변에는
지혜로운 사람이 있는가
Is There A Wise Man Who Is Close To You?

지혜로운 사람만이 지혜로운 사람을 알아본다. 통찰력 있는 사람은 상대의 의도를 재빨리 이해하며 의견을 나누고 훌륭한 결과를 만들어 내기 위해서 협력할 줄 안다.

위대한 사람의 신뢰가 담긴 말 한마디가 대중적 인기보다 훨씬 더 소중하다. 그런 사람을 곁에 두고 좋은 의견을 경청하며 올바른 판단을 배우면 인생이 몇 배는 가치 있게 바뀐다. 참된 스승이나 친구의 격려는 인생에 가장 큰 만족을 가져다준다. 그래서 플라톤은 아리스토텔레스를 그의 유일무이한 수제자로 삼았던 것이다.

천박하고 분별력이 없는 사람은 현명한 사람 대신 평범한 사람을 친구로 삼는다. 수준 낮은 친구를 바라보며 자신은 그보다 낫다고 자위하며, 현명한 상대에게 자극받아 분발하는 일을 귀찮아하기 때문이다.

높은 지위에 있는 사람들은 분별력 있는 사람에게 인정받기 위해 애썼음을 기억하라. 무적의 대왕 알렉산더도 자신의 전기를 집필하는 작가에게는 화가 앞에 앉은 추녀(醜女)처럼 몸을 사렸다.

지혜로운 사람을 곁에 두어라

제발 7년마다
자신을 돌아봐라
Please Look Back On Yourself Every Seven Years.

인간은 태어나서 7년이 지나면 이성이 생겨난다. 그리고 7년씩 지날 때마다 새로운 능력이 하나씩 부가된다. 다른 사람에게도 똑같이 성장 기회가 주어지므로 서로 발전하도록 노력하는 자세가 필요하다. 많은 사람이 사회 속에서 자신을 교정하고 성장하며 높은 지위에 오르고 자신에게 합당한 직업을 찾는 것은 모두 그런 지혜의 소산(所産)이다. 이 변화의 속도는 아주 느리고 순차적이기 때문에 반성하고 거듭 성찰하지 않으면 변화의 시기가 찾아왔음을 깨닫지 못하는 경우가 많다.

옛말에 의하면, 인간은 스무 살 때에는 공작새 같고, 서른 살 때에는 사자가 되며, 마흔 살 때에는 낙타로 살고, 쉰 살 때에는 뱀의 지혜를 갖게 되며, 예순 살 때에는 개에 해당하는 과정을 거쳐, 일흔 살 때에는 원숭이가 되고, 여든 살 때에는 무로 돌아간다고 한다.

인간의 본성과 능력은 7년 주기로 변한다

천재를 알아보는
능력

Ability To See A Genius To Know

＼　　　창의성은 하늘이 내려준 재능에 가깝다. 그러나 어떠한 재능이 다소의 광기 없이 존재할 수 있겠는가? 창조적인 사람은 독창적이지만 그 뒤를 따르는 사람은 흔치 않다. 창조적인 사람은 대중이 이해할 수 없을 정도로 빠르게 자신의 생각을 표현하고 발전시키기 때문이다.

창조적인 사람이라고 모두 지혜로운 사람은 아니다. 그래서 창의성이 세상에 제대로 발현되기 위해서는 그것을 분간할 줄 아는 뛰어난 감식안이 필요하다. 천재를 이해하는 사람이 있어야만 그 천재의 업적이 세상에 알려지며 대중이 비로소 보고 감탄하게 되는 것이다. 천재가 아니라면 최소한의 분별력과 감식안을 갖추기 위해 노력하는 것이 지혜로운 사람이 해야 할 일이다. 지혜로운 사람만이 천재와 대중 사이에 다리를 놓을수 있다.

천재를 알아보는 혜안을 지녀라

지금 고위직에 있다는
당신
Now You In High Places...

　　위대함을 재는 잣대로 사람들은 지위를 예로 든다. 높은 지위에 오를수록 부담이 커지지만, 역량이 부족한 사람들은 자리에 끌려다니다 쓸쓸히 퇴장하고 만다. 항상 지위 이상으로 더 큰 그릇을 갖추도록 하라. 지위에 따르는 중압감을 자신을 분발하게 하는 채찍으로 여겨라. 또한 지금의 자리에 머물기는 아깝다는 평가를 듣도록 노력하라.

　　지혜로운 사람은 지위에 따르는 책임과 자신을 향한 세상의 눈길을 즐기며 좀 더 뛰어난 사람이 됨으로써 현재의 어려움을 극복한다. 반면 아둔하고 도량이 좁은 사람은 직책의 중압감에 허덕이며 화를 냄으로써 도움을 주는 사람들에게까지 폐를 끼친다. 로마 황제 아우구스투스는 황제 자리에 올랐다는 것보다는 자신의 그릇이 세상을 담을 정도로 커졌음을 더 자랑스럽게 여겼다. 이와 같은 경지는 고결한 정신과 성공을 뒷받침해 주는 능력이 어울러질 때 가능하다.

　　　　　　　　　　지위보다 높은 역량을 키워라

좋은 인재를
고르는 법
How To Pick A Good Talent

면접에 임하는 구직자는 예상되는 질문에 대체로 모범답안을 마련해 둔다. 마찬가지로 면접관은 구직자의 그릇 크기를 시험할 만한 질문을 준비한다. 이는 선전포고가 없이 임기응변으로 맞설 수밖에 없는 첨예한 싸움이다. 상대에게 치명상을 입히려면 더욱 빠르고 정확한 칼솜씨가 필요하듯 질문과 답변에는 유연하면서도 날카로운 화술이 필요하다.

회사가 인재를 구할 때 인물 됨됨이와 성격을 알아내는 일은 아주 중요하다. 그러나 이는 매우 미묘한 일이다. 금속은 두들겨보고 녹여 봐서 속성을 알아낼 수 있지만 사람은 오직 대화와 실적을 통해 파악할 수밖에 없기 때문이다. 상대의 말을 제대로 분석하려면 날카로운 통찰력과 기민한 이해력, 그리고 정확한 판단력이 필요하다. 인재를 얻기 위해서는 제대로 시험할 줄 아는 능력이 필요한 것이다.

인재 고르는 법을 숙지하라

누가 당신을
띄워줄 때
When You Give Someone Feel...

　　자신이 대단한 일을 성취한 것처럼 떠벌리며 다니는 사람이 많다. 그러나 속내를 들여다보면 다른 사람이 이미 이룬 업적을 놓고 자신의 공으로 돌리거나, 아직 시작조차 않은 일을 두고 부풀리는 경우가 있다. 대중은 이들의 말을 듣고 기뻐하며 찬사를 보내지만, 이들이 얻어내는 것은 금세 비웃음으로 바뀔 헛된 명예일 뿐이다.

　　사려 깊고 멀리 내다보는 사람은 남이 받들어주는 체한다고 해서 쉽게 속아 넘어가지는 않는다. 속된 칭찬을 받으려고 안달하기보다는 결과로써 인정받으려고 한다. 카멜레온은 이렇게 저렇게 자신의 색깔을 바꾸어 가며 남들의 눈길을 끌려고 하지만 개미는 묵묵히 자신의 탑을 쌓아올린다. 지혜로운 사람이 되고자 한다면, 말로써만 이루는 업적을 경계하고 행동으로 보여주려는 자세를 갖추어야 한다. 허영심은 가능한 한 적게 가질수록 좋다. 결과가 기대보다 좋을수록 많은 사람에게서 인정받는다.

칭찬받으려 안달복달하지 마라

조금씩
천천히
A Little Slow

＼　　　남들을 기다리게 하고 그들의 입에 감미로운 뒷맛을 남겨라. 목마른 사람에게 물을 주되 완전히 해갈시키지는 마라. 기대를 전부 충족시키지 말고 기다리도록 하라. 기다림은 욕망을 더 키우는 효과가 있다. 선물을 받을 때의 기쁨은 기다림을 통해 증폭되는 법이다.

포만감을 느낄만큼 쾌락을 섭취하는 것은 매우 위험하다. 세상에서 누릴 수 있는 즐거움은 한정되어 있어서 혼자 독식하려는 태도를 보이면 남들로부터 멸시를 당한다. 모두를 만족시키는 유일한 길은 배고픈 상태로, 갈망하는 상태로 남겨두는 것이다. 기다리게 함으로써 즐거움이 더욱 커지게 하라. 이것이야말로 지혜로운 사람만이 할 수 있는 일이다.

감미로운 뒷맛을 남겨라

02
PART

도전과 성공을
위한
지혜의 기술

To follow, without halt, one aim:
There's the secret of success.

Anna Pavlova

멈추지 말고 한 가지 목표에 매진하라.
그것이 성공의 비결이다.

안나 파블로바

극복의
즐거움
The Joy Of Overcoming

　＼　　지혜와 의지는 인간 능력의 양대 원천(源泉)이다. 똑똑한 사람들은 끈기가 부족해서 실패하며, 의지가 강한 사람들은 엉뚱한 일에 정열을 쏟아 붓다 실패한다. 둘 중 한 가지라도 부족하면 절반의 성공조차 거두기 어렵다. 지략과 강한 의지를 겸비한 사람만이 세상의 모든 어려움을 이겨내고 마침내 성공이라는 이름의 험난한 정상에 오를 수 있다. 어리석은 이는 이러한 간단한 이치를 모를뿐더러 자신의 능력을 과신해 노력조차 하지 않는다.

　　　　지혜와 의지를 겸비한 사람이 세상을 지배한다

목표의식
A Sense Of Purpose

지혜로운 사람은 어둠 속에서도 나아갈 방향을 정확히 파악하고 자신 있게 발걸음을 내딛는다. 어리석은 사람은 불확실한 직관이나 운에 기대어, '잘 풀리겠지.' 하는 막연한 생각으로 자신을 기망하다가 길을 잃는다. 별의 움직임을 헤아릴 줄 모르는 사람은 하늘을 바라봐도 제 길을 찾을 수 없고, 태양의 움직임과 조류의 흐름을 읽지 못하는 사람은 바다에서 헤매게 마련이다.

인생이라는 이름의 큰 바다에서 자신의 항해술이 부족하다고 느끼면 도움을 줄 수 있는 훌륭한 사람에게 매달려라. 자신의 식견을 과신하지 말고 있는 그대로 받아들이면 활로를 찾을 수 있다. 그러나 지혜로운 사람이라면 자신의 행보에 자신감이 있어야 한다. 방향을 알고있다면 과감하게 전진하라. 그래야만 자신만이 알고 있는 목적지에 도달할 수 있다.

목표를 향해 전진하라

행동함에
있어
The Art Of Perfect Social Behavior

＼　　　신중함은 지혜로운 사람이 추구하는 덕목 중 하나
다. 뛰어난 능력을 지닌 사람들은 극단적 상황에 이르지 않
도록 미리미리 준비한다. 지혜로운 사람은 중용(中庸)의 길
을 걸으며 행동하기 전에 충분히 생각할 여유를 가지려고
노력한다. 뛰어난 성과를 올리는 사람 중에는 특이한 방식
을 선호하는 사람도 있다. 하지만 남다른 방식은 승승장구
할 때는 남들의 감탄을 자아내지만 일단 어긋나기 시작하
면 남들과 협력하지 않고 독불장군처럼 나섰다며 두 배로
비판받게 된다. 기발한 일을 하고 싶다면 남의 눈에 띄지
않는 분야에 도전하라.

　　위험성이 큰일은 피하고 신중하게 접근해야 실패확률
을 그만큼 줄일 수 있다. 다른 사람들이 협력할 수 있는 공
간을 항상 남겨둬라. 책임을 적절히 나누면 실패했을 때도
그만큼 부담이 작아진다.

행동하기 전에 충분히 생각하라

현명한 사람이
곁에 있다면
If You Have A Wise Man By Your Side...

　　역사적으로 큰 성공을 거둔 사람들은 모두 곁에
지혜로운 조언자를 두었다. 이렇듯 현명한 조언자를 곁에
둘 수만 있다면 지금 하고 있는 일에서 절반은 이미 성공을
거뒀다고 보아도 무방하다. 그런 사람을 곁에 두고 있으면
위기를 만나도 당당하게 맞설 수 있고 고통스러운 싸움에
직접 나설 필요도 없어진다. 지혜로운 사람을 잘 활용하는
것은 자신이 지혜롭다는 증거다.

　　자신이 정복한 나라의 국왕을 노예로 삼았던 티그라네
스 왕(파르티아를 정복한 아르메니아의 왕, 재위 BC 95∼
BC 56)은 과시욕을 채웠을 뿐이나 지혜로운 사람을 잘 부
리면 과시욕뿐만 아니라 자신의 부족함까지 채울 수 있다.
그런 사람이 인생의 지배자가 되면 어떤 사람이라도 쉽게
다룰 수 있다.

　　인생은 매우 짧아 혼자서 모든 것을 다 배우고 대처하
기에는 시간이 턱없이 부족하다. 능력 있는 사람을 친구로

맞아들여라. 위대한 인물을 곁에 두면 그만큼 성장하게 되고 자신이 세운 목표에 좀 더 근접하게 된다. 아랫자리에 그런 사람을 둘 수 없다면 친구로라도 삼아라. 지혜로운 사람을 적으로 만드는 것은 스스로 무덤을 파는 일이다.

지혜로운 조언자를 곁에 둬라

지피지기면
백전백승

**If You Know Your Enemy And Know Yourself,
You Win Times Out Of 100 Battles.**

남을 전적으로 신뢰하는 일은 절벽 위에 서서 다른 사람이 등을 떠밀어 주기만을 바라는 것과 같다. 교활한 사람들은 나름대로 전략을 가지고 자신의 의도를 남에게 왜곡해 전달한다. 그들은 거짓으로 목표를 정하고, 태연한 얼굴로 남을 속이고, 주변 사람들을 끌어들여 남들로부터 신뢰를 얻어낸다. 그리고 원하는 결과에 도달하면 자신의 말을 손바닥 뒤집듯 한다.

지혜로운 사람은 교활한 사람들의 속셈을 꿰뚫어보는 눈을 가졌다. 면밀한 관찰을 통해 그들의 거짓을 가려낸다. 그리고 언제나 등 뒤에서 날아올 비수에 대비한다. 이렇듯 지혜는 남들이 감추려고 하는 의도를 파악하는 데서 비롯되며 그들의 잘못된 행동을 방어하는 데서 끝난다. 빛을 비추면 그림자가 생기는 것은 자연의 당연한 이치다. 그림자 안에 숨어있는 사악함을 읽어내고 대비하는 지혜를 갖춰라.

상대의 마음을 읽는 능력을 키워라

성실함은
최고의 무기
Integrity Is The Best Weapon.

재능이 있다고 자만하는 사람은 뛰어난 인물이 되는 법이 거의 없다. 재주가 아무리 많아도 성실하지 못하면 인정받을 만한 업적을 쌓지 못한다. 평범한 사람이라도 성실하기만 하다면 뛰어난 재능을 지닌 게으른 사람보다 더 많은 것을 이룰 수 있다.

성실은 성공을 위해 지불해야 할 대가다. 성실해지기 위해서는 수많은 노력이 필요하다. 고생하지 않고 얻은 것은 그 가치 역시 작게 마련이다. 높은 지위에 있는 사람이 궁지에 몰리는 경우는 대개 성실하지 못하기 때문이지, 재능이 부족해서가 아니다

자신은 좀 더 고상한 일에 어울린다는 변명을 늘어놓는 어리석은 사람들도 있다. 그런 사람들은 막상 높은 자리에 앉게 되면 부족한 재능과 불성실함으로 자멸하고 만다. 타고난 재능이 없다고 불평하기에 앞서 열심히 노력하라. 성실한 사람은 언제, 어디서든 결국에는 인정받는다.

성공의 지름길은 성실이다

경청하라
Listen To The Words Of Others.

╲　　잘 팔리는 물건이 있는가 하면 팔리지 않는 물건도 있다. 팔리느냐 팔리지 않느냐에 따라 물건의 값이 매겨진다. 남들에게 얻는 인기도 마찬가지다. 인기가 있으면 여기저기 불려 다니느라 바쁘고 인기가 없으면 오라고 부르지 않은 곳에도 자꾸 얼굴을 내밀게 된다.

재치 있고 좌중을 유쾌하게 만드는 재주는 사실 타고난 재능이 없으면 힘든 일이다. 지혜로운 사람 중에서도 그런 재주를 지니지 못한 사람도 있지만 그렇다고 해서 그들이 남들에게 사랑을 받지 못하는 것은 아니다. 현명한 사람은 남의 말에 귀를 기울이려는 태도가 되어 있어 어느 자리에나 자연스럽게 동화된다. 남의 말을 경청하는 사람은 잔잔한 바다처럼 고요한 마음으로 수많은 사람을 포용한다. 이런 모습을 보이는 사람을 누가 싫어할 수 있겠는가? 남의 마음을 끌어당기고 감동과 즐거움을 줄 수 있는 여유를 가져라.

경청술, 성공의 제1법칙이다

행운은 준비한
자에게 따른다
Heaven Helps Those Who Help Themselves.

＼　　　항상 행운이 따르는 것처럼 보이는 사람이 있다. 하는 일마다 승승장구하는 사람은 자신의 인생에서 흐름을 탈 줄 아는 이들이다. 지혜로운 사람이라도 이들과 견주어 자신의 운을 비교해볼 필요가 있다. 자신의 방식과 비교함으로써 행운을 자신에게로 끌어오는 방법을 깨달을 수도 있기 때문이다. 그것은 히포크라테스(고대 그리스의 의성)에게 건강에 대해 묻고, 세네카(로마의 철학자)에게 지혜를 구해야 하는 것과 마찬가지다.

그러나 행운의 여신이 변덕을 부린다고 해도 결코 낙심하지는 마라. 행운의 흐름은 항상 변한다. 행운의 여신은 언제나 준비하고 기다리는 자에게 찾아온다. 불행한 시기가 오면 잠시 몸을 움츠려라. 행운의 여신은 지혜로운 자를 사랑하기 때문에 머지않아 환한 미소로 당신을 찾아올 것이다.

언제나 준비하고 기다려라

성공하고
싶다면
If You Want To Succeed...

　　　　사람을 대하는 가장 좋은 방법은 겸손한 태도와 예의 바른 행동이다. 가끔은 약삭빠른 계략을 써서 효과를 볼 수도 있으나 이것이 밝혀지면 상대방은 배신감을 느끼고 계략을 쓴 사람은 두 배로 의심을 받게 된다. 속임수가 드러나면 불신을 불러오고 마음을 상하게 하며 복수심까지 생겨나게 한다는 점을 잊어서는 안 된다.

　　술책을 쓸때는 상대에게 들키지 않도록 하라. 의심이 많은 사람에게는 되도록 계략을 쓰지 마라. 속지 않겠다고 단단히 마음먹은 사람일수록 속이기 쉽다. 그러나 나중에라도 밝혀지면 누구보다 더 크게 원망한다.

　　　　　겸손과 예의, 성공하는 사람의 제1덕목이다

네 길을
가라
Keep Your Way.

다른 사람의 성과를 놓고 칭찬만 하는 사람들이 있다. 이런 이들은 "저 사람은 대단해. 나는 결코 그 일을 하지 못할거야"라든가 "난 정말 저 사람을 닮고 싶은데, 어렵지 않을까?"라는 말을 되뇌고 다닌다. 이 어리석은 자들은 남이 이루어놓은 성과를 잣대로 자신을 재단하고 있기에 결코 성공할 수 없다. 다른 사람이 이루어낸 성취가 어떠한지는 그다지 중요한 문제가 아니기 때문이다. 자신의 목표가 무엇인지 제대로 파악하고, 목표에 다다를 수 있는 계획을 분명하게 설정하라. 그리고 이를 위해 노력하면 반드시 좋은 결과를 얻게 된다. 이리저리 곁눈질해 봐야 눈만 비뚤어질 뿐이다. 자신의 판단력을 믿지 못하는 사람은 제대로 된 결정을 내릴 수 없다. 남을 닮으려고 애쓰지 마라. 자존심마저 잃게 된다. 부족하고 모자란 듯 보여도 스스로 결단을 내릴 줄 아는 사람이 성공한다.

목표를 설정하고 열정으로 도전하라

인생에
망설임은 없다
There Is No Hesitation In Life.

일을 수행할 때 어리석은 사람은 지나치게 서두르거나, 뜻밖의 장애물에 부딪혔을 때 무모하게 돌파하려고 한다. 그래서 자멸하는 경우가 많다. 반면 똑똑한 사람은 이것저것 고민하며 망설이다 타이밍을 놓쳐서 실패하는 경우가 많다. 어리석은 사람은 장애물이 있어도 멈추지 않고 그냥 내리 달리다가 함정에 빠지고, 똑똑한 사람은 어떤 일이 있을 때마다 멈췄다 가느라, 판단은 옳았음에도 결승점에는 늦게 도달한다. 지혜로운 사람과 똑똑하기만 한 사람의 차이가 여기에 있다. 지혜로운 사람은 결정을 내릴 때 조심스럽지만 마음을 정하면 그 신속함은 이루 말할 수 없다. 신속함이야말로 행운을 불러다 주는 부적이기 때문이다. 오늘 결정내린 일은 결코 내일로 미루지 마라. 고민은 주의 깊게 천천히 하되, 실행은 뒤도 돌아보지 말고 단호하게 하라.

결정은 주의 깊게 하고, 실행은 단호하게 하라

대충주의
Hazards Of Not Being Thorough

무슨 일이든 대충 하지 말고 차분히 꼼꼼하게 마무리 지어라. 시간이 좀 걸리더라도 그것이 가장 빠른 길이다. 순간을 모면하기 위해 대강 해치운 일은 순식간에 원상태로 되돌아가 버리고 아무것도 남지 않는다. 영구히 남는 일을 이루려면 그 나름대로 시간이 필요하다. 세상 사람들은 결과에만 주목하기 때문에 성공하는 사람은 오래도록 칭송을 받게 된다. 값진 귀금속일수록 제련하는 데 시간이 오래 걸리고, 시간이 걸린 만큼 귀중하게 여겨진다는 사실을 잊지 마라.

차분하고 꼼꼼하게 마무리 지어라

덤벙대지
마라

Do Not Your Work Carelessly.

신중함을 타고난 사람들이 있다. 그들은 분별력이 있어서 어렵지 않게 완전한 지혜에 도달할 수 있다. 그들은 이미 성공에 이르는 길에 절반은 간 셈이다. 하지만 자신이 그러한 능력을 타고나지 못했다고 해서 실망할 필요는 없다. 평범한 사람들도 연륜과 경력을 쌓아가며 성숙해지고, 주위 환경의 변화를 겪음으로써 분별력을 갖추게 된다. 항상 조심스러운 태도를 유지하도록 노력할 필요가 있다.

실패를 거울삼아 자신을 성장시키는 것은 지혜로워지고자 하는 사람이라면 누구나 유의해야 할 덕목이다.

항상 조심스러운 태도를 유지하라

긍정적 결과만
기대한다면
If You're Expecting A Positive Result...

　　평범한 사람들은 목표를 달성하는 것보다 바른 순서를 밟아 나아가는 것에 마음을 쓴다. 성공의 기쁨을 누릴 생각보다는 실패했을 때 변명거리를 미리 만들어 놓으려 하기 때문이다. 그러나 명예를 얻는 길은 빛나는 성공이라는 결과뿐이다

　　승리자는 일이 진행된 과정에 연연하는 사람이 아니다. 사람들의 관심을 끄는 것은 일의 성패 여부다. 도중에 아무리 중요한 사정이 있었다고 하더라도 실패자에게 눈길을 돌리는 사람은 없다. 목표를 달성한 사람이 영예를 독점하게 마련이다. 게다가 결과만 좋다면 모든 것은 그 아래 묻히게 되고, 수단과 방법에 아무리 문제가 있다고 하더라도 보이지 않게 된다. 따라서 좋은 결과를 내기 위해 필요하다면 다소간의 편법을 쓰는 것도 큰 문제가 되지는 않는다.

　　　　　　결과가 좋으면 과정에서의 문제는 묻힌다

도전하기를
주저하는가
Do You Hesitate To Challenge?

인생의 목표가될 만한 위대한 인물을 한명 골라 그를 뛰어넘기 위해 평생 노력하라. 결과야 어떻든 도전해 볼 가치가 있지 않은가! 기왕이면 자신의 분야에서 최고라 불리는 사람을 선택하라. 지혜로운 사람은 기왕이면 과감 한 도전을 찾아 즐기는 법이다.

강력한 제국을 건설했던 마케도니아의 알렉산더 대왕 이 아킬레우스의 무덤 앞에서 통곡한 이유는 자신의 업적 을 후세에 전할 사람이 없었기 때문이다. 아킬레우스는 호 메로스의 음률을 통해 사람들의 기억 속에서 불멸의 존재 가 되었다.

높고 날카롭고 명쾌하게 울려 퍼지는 전투 나팔 소리에 군인들이 두려움을 잊고 전선으로 달려가듯 완벽한 지혜와 성공을 향해 과감한 도전을 즐겨라.

위대한 사람을 뛰어넘으려는 도전정신을 즐겨라

선의의 라이벌을
키워라
Make A Bona Fide Contender.

도움이 된다면 무엇이든 이용할 줄 아는 사람이 지혜로운 사람이다. 자신의 적조차 이용할 줄 안다면 정말 지혜롭다고 할 수 있다. 적은 날을 잘 세워둔 칼과 같다. 칼날을 만지면 상처를 입지만 칼자루를 쥐면 아주 유용한 도구가 된다. 지혜로운 사람은 좋은 친구 못지 않은 멋진 적을 두고 있어 갈등속에서 서로를 성장시킨다. 또한 적의 어리석음을 통해 지혜로운 사람은 커다란 이득을 챙긴다.

미움보다 더 위험한 것은 아첨이다. 미움은 스스로를 분명히 드러내기 때문에 대비하기 쉽지만 아첨은 숨어 있으므로 상대하기가 어렵다. 지혜로운 사람은 남에게서 원한을 사면 오히려 자신을 바라보는 거울로 삼는다. 그리하여 남의 험담을 피하고 자신의 결점을 개선한다.

라이벌과 경쟁하며 함께 성장하라

오지랖을
자제하라

Do Not Poke Your Nose Into Other's Affair.

　　지혜로운 사람은 남들의 요구에 쉽게 따르지 않는다. 남이 원하는 것을 일일이 들어주다 보면 정작 자신의 몫을 제대로 챙기지 못할 때가 많기 때문이다. 다재다능하다는 것은 칭찬을 들어 마땅한 일이지만 오지랖이 넓다는 것은 손해를 자초하는 길이다.

　　남의 일에 섣불리 끼어들었다가 실패하면 사람들의 평가는 손바닥 뒤집듯 금세 바뀐다. 칭송 대신 비난의 말만 잔뜩 듣게 되는 것이다. 자신의 재능을 지나치게 자랑하고 다니지 마라. 지혜로운 사람은 재능을 자랑하고 다니기보다는 자기 일에 내실을 기하고 항상 좋은 결과를 보여준다. 꼭 필요한 곳에만 자신의 능력과 시간을 투자하라. 남의 장단에 놀아나지 않을 때 진짜 성공한 사람이 될 수 있다.

　　　　　　꼭 필요한 곳에만 능력과 시간을 투자하라

'과연 잘될까?'라는
의구심이 들 때
'Can I Do Nicely?' When You Are In Doubt.

요모조모 따져보아 안전하다는 생각이 들지 않는다면 절대로 행동에 옮기지 마라. 남에게 조언을 구하면서 실패하지 않을까 반신반의하게 되면 실패할 확률이 무척 높다. 경쟁자까지 그렇게 생각한다면 지금하는 일을 즉각 멈춰라.

감정의 기복에 따라 갈팡질팡하면 정확한 판단을 내릴 수 없다. 자신의 분별력에 의심스러운 구석이 있다는 생각이 들면 아무것도 하지 않는 게 낫다.

신중한 사람은 얼마 되지 않는 성공 확률로 뛰어드는 무모한 행동을 하지 않는다. 언제나 이성적으로 판단했을 때 확실하다고 생각되는 일에 집중한다. '과연 잘될까?'라는 의심이 드는 상황에서 제대로 마무리 지을 수 있는 일은 없다. 자신의 판단이 성급했다고 생각되면 당장 한 발짝 물러서서 재고하라. 그리고 애초부터 성공이 의심스러운 일이라면 시작도 하지 마라.

성공 확률이 낮은 일은 시작도 하지 마라

분별력의 힘 2
The Power Of Discernment

모든 일은 상황을 분석하고 결과를 예측하는 것으로 시작한다. 예리한 분별력이 중요한 이유는 엉뚱하게 판단해서 시작하면 얼마 가지 않아 좌초한다는 사실에서 비롯된다.

지위가 높아질수록 분별력 있는 판단은 더욱 중요하다. 높은 지위에 있는 사람은 무거운 책임을 지며 그 사람의 말 한마디 때문에 수많은 사람의 인생이 바뀐다. 정확한 판단을 내리도록 돕는 한 줌의 지혜는 재치 있는 말 백 마디 보다 낫다. 지혜가 있다면 천박한 사람들에게 환심을 사지 않고도 쉽게 목적지에 도달할 수 있다. 지혜롭다는 평판을 받으면 대중의 관심은 자연스럽게 따라온다. 자신의 판단이 성공을 담보할 수 있게끔 더욱 예리한 분별력을 지니도록 노력하라.

예리한 판단력을 지니는 것은 성공의 지름길이다

상대의 장점을
본받아야
Learn The Advantages Of Relative.

현명한 사람이 평범한 사람과 다른 것은 삶을 아주 유쾌하게 만들고 그러한 즐거움을 지인들과 공유할 줄 안다는 점이다. 질투에 사로잡혀 뛰어난 사람을 끌어내릴 방법만 모색하는 사람은 현명한 사람이 나누는 다양하고 완벽한 즐거움을 배울 수 없다. 곁에 자신보다 나은 사람이 있다면 그가 가진 장점을 배워 자신의 것으로 소화하려고 노력하라. 그것이 지혜로운 사람이 취하는 태도임을 기억하라.

상대의 장점을 벤치마킹하라

사람 관리
People Management

　　세상에는 다양한 종류의 직업이 있다. 그중에서도 가장 어려운 직업은 사람을 관리하는 일이다. 높은 자리에 앉아 손가락 하나로 아랫사람을 부리는 사람들은 선망의 대상이 되지만 그들은 권한 못지않게 다양한 책임과 의무를 진다. 게다가 아랫사람이 머리가 나쁘기라도 하면 일을 처리하는 데 있어 어려움이 두 배 이상 늘어날 것은 불을 보듯 자명한 일이다.

　　지루하고 창조적이지 못한 단순 반복 작업은 지혜를 갉아먹는다. 온종일 똑같은 일을 되풀이해야만 마무리되는 일이 있다고 생각해보라. 그런 직업을 가진 사람의 인생은 얼마나 지겹고 보람이 없겠는가.

　　지혜로운 사람은 성취욕 또한 높아서 자신을 성장시킬 수 있는 직업을 고른다. 그리고 변화무쌍한 일상에서 하루하루를 반추(反芻)하며 성공의 토대를 조금씩 다져나간다. 수많은 사람이 한데 협력하지 않거나 개인의 탁월한 기술이 없으면 이루어낼 수 없는 일이 있다. 그럴 때 지혜로운 사람은 내면에 자라난 자신감을 바탕으로 이런 일을 깔끔하게 수행하여 주변 사람들로부터 존경을 받는다.

자신을 성장시킬 수 있는 직업을 골라라

불평불만이 많은
당신에게
Did You Have A Lot Of The Complaints?

항상 세상과 자신에 대해 불평하는 사람은 어리석다. 부정적인 생각을 가진 채로는 아무리 노력해 봤자 의욕이 생겨나지 않는다. 그렇다고 해서 현재의 상태에 만족하고 안주(安住)하려는 태도 또한 좋지 않다. 불평불만을 늘어놓는 것이 어리석음이라면, 자기만족에 도취되는 것은 천천히 진행되는 자살이나 다름없다.

늘 새로운 일을 찾아 도전하라. 진취적인 태도는 세상에 수많은 위인을 낳았다. 알렉산더 대왕은 죽음에 이르는 그 순간까지 앞으로 나갔기에 역사의 한 장을 당당히 차지할 수 있었다. 고대 그리스의 시인 호메로스는 눈이 멀었다는 자신의 단점을 극복했으므로 지금까지 전해 내려오는 《일리아드》나 《오디세이》와 같은 걸작을 남겼다. 그러나 나아갈 때와 마찬가지로 물러설 때도 과감해야 함을 잊지 마라. 실패할 때를 대비해 만반의 준비가 되어 있는 사람이 진정으로 지혜로운 사람이다.

현실에 안주하지 말고 새로운 일에 도전하라

기회는
자주 오지 않는다
Opportunities Do Not Come Often.

＼ 　기회가 왔을 때 그것을 놓치지 않고 잡는 것도 능력이다. 행운은 한 사람만을 기다리지 않는다. 신중한 마음가짐으로 기다리고 있다가 행운이 다가오면 재빨리 낚아채라. 운 좋게 기회를 잡았다고 하더라도 전부 자신의 몫으로 돌리지는 마라. 같은 양의 음식을 먹고서도 만족스럽게 배를 쓰다듬는 사람이 있는가 하면 배고프다고 투덜대는 사람도 있다. 기회를 전부 소모해버리면 아무것도 남지 않는다. 어리석은 사람들은 기회라는 이름의 귀중한 음식을 맛이 없다거나 배가 부르다는 이유로 그냥 버린다. 지혜로운 사람은 기회를 한번 놓치더라도 다음에 찾아올 기회를 기다리며 그 기회를 잡을 수 있는 역량을 키움으로써 위대한 사람의 반열에 든다.

평소 역량을 키우며, 기회가 왔을 때 놓치지 마라

매사에 들뜨기 쉬운
당신에게
Haste Makes A Waste.

열정에 들떠서 행동하지 마라. 열정이 위험한 이유는 그것이 구름처럼 이성을 뒤덮어 판단력을 가리는 경우가 종종 있기 때문이다. 사업을 성공으로 이끄는 힘은 명쾌한 판단력과 균형 있는 분별력 그리고 오랜 경험에 달려 있다. 열정에 사로잡혀 제대로 된 판단을 할 수 없다면 이성적인 대리인을 내세우는 것도 지혜로운 방법이다.

성급한 열정에 들떠서 행동하지 마라

과시하고
싶다면
If You Want To Show Off...

실제로 훌륭한 일을 이룬 사람보다도 남들 눈에 훌륭해 보이는 일을 한 사람이 더욱 인정받는다. 때문에 열심히 노력하는 것 못지않게 남들에게 과시할 방법을 아는 것 역시 중요하다. 보이지 않는 성과는 이루지 못한 일과 다름없다. 아무리 지혜로운 사람이라도 겉으로 그럴 듯해 보이지 않으면 누구도 존경심을 표시하지 않는다. 세상에는 겉모습만을 보고 속아 넘어가는 신중하지 못한 사람이 많기 때문이다.

정말 대단한 업적이라면 남들이 자연스럽게 알도록 꾸며라. 성공을 과시하고 싶다면 사람들이 보는 앞에서 일을 실행하라. 잘 벼린 칼날의 위력은 상대를 단숨에 베어 쓰러뜨릴 때, 널리 알려지는 법이다.

성과는 남들이 자연스럽게 알도록 꾸며라

차선책
Second Best

확실히 성공할 수 있는 계획이라고 해서 그것만을 믿고 다른 준비를 하지 않는 것은 어리석은 짓이다. 아무리 대단한 사람이라도 실수하지 말란 법은 없고, 아무리 좋은 계획이라도 다 그대로 실행되지는 않는다. 차선책을 준비해두면 언제나 여유 있게 대처할 수 있다.

다른 사람의 호의를 얻는 것도 마찬가지다. 출세를 도와줄 만한 인물을 두루두루 알아두면 줄을 대기가 좋아지고, 고급 정보를 전해주는 사람을 많이 알아두면 정보의 신빙성이 높아진다. 모든 것은 여분이 있을 때 그만큼 든든하게 여겨지게 마련이다.

하나가 필요하면 두 개를 준비하라

일을
진행할 때
When Things Proceed...

비즈니스의 핵심을 파악하라. 어리석은 사람들은 숲을 보아야 할 때 나무만 쳐다보고, 나무를 보아야 할 때 숲만 바라본다. 핵심적인 요소를 빼놓고 일을 진행하면 사단이 나게 마련인데 어리석은 사람은 요점을 파악하지 못한다. 그러고는 쓸데없이 더하고 빼는 일을 반복하며 '난 열심히 일하고 있어'라고 자신을 합리화한다. 주변 사람들도 모두 그런 사람들에게 말려들어 분주하게 일을 하지만 결국 아무런 성과를 내지 못한다. 그런 혼란스러운 정신을 가진 사람에게는 배울 것이 전혀 없다.

어두운 밤에 숲속을 걸을 때는 바른 길을 찾아내는 것이 가장 먼저 해야 할 일임을 잊지 마라.

핵심을 파악하고 일을 진행하라

곤경에
빠졌다면
If You Have Trouble...

지위가 높을수록 책임져야 할 일이 많아진다. 재앙에 대비해 방패막이를 마련해두는 것은 높은 지위에 있는 사람이 꼭 해야 할 전략이다. 책임져야 할 상황이 되었을 때 그 책임에서 벗어나는 방법을 알아둬야 한다는 말이다. 책임을 회피했을 때 남들 입방아에 잠시 오르내릴 수는 있지만 결정적 증거가 없는 이상, 그저 소문에 그치고 대중은 시간이 조금만 흘러도 사건을 잊는다.

때로는 솔직하게 돌파하는 전략이 먹히기도 한다. 자신의 잘못을 솔직히 시인하면 그 배포와 그릇의 크기에 놀란 사람들이 감복해서 실패를 크게 문제 삼지 않는다. 단, 상황을 적당히 저울질하는 지혜를 갖추어야 한다. 어떤 경우에는 솔직함이 빛을 발하지만 끝까지 발뺌해야만 할 때도 있다. 상황에 맞추어 적절히 임기응변하는 처세술을 갖춰라.

임기응변술에 능해야 한다. 방패막이를 마련해 둬라

미래는 준비된
자에게

Future Awaits Those Who Are Prepared For Embracing It.

　잠자리에 들기 전에 내일 할 일을 머릿속에 떠올려보라. 아침부터 일어나 부랴부랴 점검하느라 서두르기보다는 미리 생각하고 준비하는 게 훨씬 낫다. 계획을 먼저 세우고 일정에 따라 일을 진행하는 사람은 여유가 있고 그만큼 실수가 적다.

　때로는 베개를 베고 편안히 휴식을 취하는 것도 좋다. 몸이 피곤할 때는 좋은 생각이 나지 않는 법이다. 집중이 되지 않는 일을 붙잡고 이리저리 고민하며 골치 썩이기보다는 한숨 푹 자라. 베개는 입을 다물고 있는 예언자다. 꿈속에서 영감이 떠오르는 경우도 있고 그렇지 않더라도 잘 자고 일어나면 새로운 의지가 샘솟음을 느낄 수 있을 것이다. 지혜로운 사람은 머리가 맑을 때 중요한 결정을 내림으로써 성공한다.

미리 생각하고 미리 준비하라

블루오션에
뛰어드는 용기
Courage To Jump Into The Blue Ocean

＼　　　같은 업적을 이룬다 하더라도 선구자로 이름을 얻은 사람과 그 뒤를 좇은 사람이 얻을 수 있는 명성은 다르다. 적어도 두배 이상 차이를 가지고 있어야만 세상 사람들은 '저 사람은 정말 대단한 사람이야.'라고 인정하게 된다.

누군가 탁월한 업적을 이루고 자리에서 물러나면 그 후임자는 아무래도 그만큼 핸디캡을 안고 시작하게 마련이다. 전임자가 이룬 공적에 맞먹는 일을 하려고 동분서주해봐야 기껏 '옛날이 좋았지.'라는 평가만 듣게 된다.

독보적으로 인정받는 사람이 되고 싶다면 남들이 뛰어들지 않는 분야에 도전하는 용기가 필요하다. 뛰어난 재능을 가지고 있다 해도, 남의 뒤를 따르면 영원히 그 그림자에 묻혀 자신의 이름을 크게 빛내지 못한다.

독자적인 영역을 개척하라

시뮬레이션의
중요성
The Importance Of Simulation

　　성공할지 실패할지 미리 가늠해 보는 것은 비즈니스에서 매우 중요하다. 특히 대중을 상대로 업무를 진행할 때 그들의 반응을 예상해보는 것은 필수적인 절차이다. 시뮬레이션을 통해 얻은 정확한 예상치를 가지고 성과물의 장단점을 미리 파악하면 긍정적 결과를 극대화할 수 있고, 최악의 상황이 닥쳐와도 당황하지 않고 대처할 수 있다.

　　실제로 진행할 때에는 시뮬레이션에 비추어 끊임없이 질문을 던져라. '원하는 결과가 나오게 하려면 무엇이 더 필요한가?'라고. 지혜로운 사람은 최고의 결과를 얻기 위해 예측하고 시뮬레이션을 시행하며 완전히 마무리될 때까지 계속 주의를 기울인다.

최고 결과를 얻기 위해 주의를 기울여라

실패했을
경우
If You Had Failed...

난처한 순간에는 다른 사람의 도움을 기대하기가 어렵다. 그럴 때 친구가 되어주는 유일한 것은 자신의 강인한 용기다. 자신을 믿어라. 정신을 집중하고 온몸으로 버티며 상황을 극복할 수 있는 지혜를 짜내라. 자신에 대한 확신이야말로 역경을 딛고 일어설 수 있는 원동력이 된다.

"잘 풀려 나갈 거야."라는 말로 쓸데없이 자신을 기망하며 운에 모든 것을 내맡기지 마라. 마음속으로 준비를 단단히 하지 않으면 후회의 아픔은 두 배, 세 배가 되어 돌아온다. 실패를 두려워하지 마라. 실패의 고통은 무척 아리지만 지혜로운 사람은 그 안에서 더 큰 도약의 발판을 마련한다. 당장의 괴로움을 견뎌내면 언젠가는 반드시 인내의 열매가 되돌아온다는 것을 알고 있기 때문이다. 최악의 상황을 이겨내면 어떤 일이든 도전할 수 있는 자신감을 얻게 된다는 점을 기억하라.

자신에 대한 확신은 역경을 극복하는 원동력이다

일이
꼬일 때
When Things Go Wrong...

＼　선한 사람은 어리석은 사람들에게 둘러싸여 자신의 뜻을 제대로 펴보지도 못하며 생을 마감하고, 바보는 진리와 참됨을 가장한 충고에 짓눌려 숨이 막혀죽는다. 다른 사람의 말에 일일이 귀를 기울이다 보면 자신의 뜻과는 전혀 상관없는 엉뚱한 일에 휘말리게 된다. 사공이 많으면 배가 산으로 가고 훈수하는 사람이 많으면 일이 꼬이게 마련이다. 자신의 판단을 확신하고 결연히 앞으로 걸어 나가는 자세가 지혜로운 사람의 태도임을 명심하라.

사공이 많으면 배가 산으로 간다

용인술
用人術

Ability To Deal With People

사람들을 즐겁게 하는 일을 찾아 직접 주재하라. 그러나 불쾌하게 만드는 일은 아랫사람에게 책임을 맡겨라. 이것은 불후의 명성을 얻은 왕들의 용인술이다. 대중의 호의를 얻으면서도 비난의 화살을 피하는 것은 참으로 어려운 일이다. 훌륭한 일은 직접 실천함으로써 그 기쁨을 누리고 추악한 일은 가급적 다른 사람을 내세우는 기지를 발휘하라.

좋은 일은 직접 하고 궂은 일은 아랫사람을 내세워라

기회이다
싶을 때
Make Hay While The Sun Shines.

주사위를 한 번 던져 가장 좋은 결과가 나오기를 바라는 것은 멍청한 짓이다. 그런데도 사람들은 종종 자신의 운을 과신하며 그런 일을 저지른다. 하지만 모든 것을 잃은 뒤에 후회해봤자 아무런 소용이 없다. 연습도 없이 처음으로 시도하는 일에서 최상의 결과를 얻는다는 것은 불가능에 가깝다. 기회를 잡으려면 첫 번째에 모든 것을 걸지 말고 그 다음을 노려라. 첫 번째에 덤벼들어 실패한 사람은 의욕을 잃고 다시 도전할 힘을 잃으며, 성공한 사람은 자만하느라 두 번째 기회를 쉽게 포기해 버린다.

무슨 일이든 방법을 바꾸어서 만회할 예비 수단을 준비해 둬라. 성공 여부는 주위의 여러 상황에 따라 좌우되는 것이지 운에 의해 이루어지는 것이 아니다.

첫 번째 기회에 올인하지 마라

고집불통의
함정
Trap Of Sticking

＼　　　자신의 생각만이 옳다고 여겨 자기 주장대로만 일을 추진해서는 안 된다. 여러 모로 잘 생각한 다음에 일에 착수하라.

일의 성공을 가로막는 사람은 대체로 고집불통들이다. 고집을 부린다는 것 자체가 사물을 바르게 보고 있지 않다는 증거이므로, 그런 사람이 하는 일이 잘될 리 없다. 이런 고집불통들의 특징은 무슨 일이든 먼저 다투고 싸워 자기 의견을 관철시키고, 끝내 자신이 이겨야만 직성이 풀린다는 데 있다. 이런 사람은 원래 평온한 생활을 할 생각이 전혀 없어 보인다. 더욱이 이런 사람이 윗사람이 되어 일을 추진하면 일이 제대로 될 리 없다. 끝내는 조직을 와해시키고 다른 사람들이 등을 돌리게 만든다.

고집불통들은 모든 일을 쉬쉬하며 은밀하게 추진한다. 그러면서 잘되면 자신의 계획이 옳고 좋았기 때문이요 잘못되면 자신의 계획에 반대한 사람들 탓으로 돌린다. 그에게는 상관하지 않는다. 지혜로운 사람이 남의 조언에 항상 귀를 기울이는 것은 고집불통들이 범하는 오류를 제대로 이해하고 있기 때문이다.

자기 고집대로만 일을 추진하지 마라

우유부단
Indecisiveness

강한 확신이 드는 일에는 거침없는 행동이 필요하다. 주변의 평가를 두려워해 망설이고 있으면 아무 것도 이룰 수 없다. 지혜로운 사람이 확신을 가졌을 때에는 그만한 이유가 있다. 필요한 것을 모두 장악하고 성공을 향해 매진할 준비가 되었거나, 최소한 문제가 생겼을 때 스스로 해결할 수 있다는 자신감으로 가득 차 있다. 그럴 때라도 마음속에서 들려오는 내면의 소리를 무시하지 마라. 이러한 내면의 소리는 위기 때마다 경고음을 울려 불운이 찾아오는 것을 막아준다. 흔들리지 않는 결단력과 조심스러운 신중함은 지혜라는 동전의 양면이다.

결단력과 신중함은 지혜라는 동전의 양면이다

불운하다고
느껴질 때

Feeling Good Luck Has Deserted You?

＼　　자신의 능력을 객관적으로 판단하는 것은 지혜로운 사람에게도 쉽지 않은 일이다. 어리석은 사람일수록 자신을 과대평가하며 자기가 불운한 사람이라고 말한다. 이렇게 부풀려진 자아를 가진 사람은 헛된 망상으로 일생을 망치게 된다. 망상에 빠져 있는 사람은 현실을 회피하며 하루하루를 살아가기 때문이다.

희망이 큰 것은 좋지만 현실에 발을 딛고 나아가야 한다는 점을 간과해서는 안 된다. 최선의 결과를 바라보며 매진하면서도 최악에 대비할 줄 알아야 한다. 기대는 적게 하고 노력은 많이 하라. 지혜로운 사람은 자신이 쏘아야 할 과녁을 높게도 낮게도 두지 않고 사격을 할 때도 한 발 한 발 최선을 다한다.

최선을 다해 매진하면서도 최악에 대비하라

자만하지도
자신 없어 하지도 마라

Do Not Be Above Yourself,
Do Not Have Any Confidence.

　　　쉬운 일은 어려운 일을 대할 때의 신중한 마음으로, 어려운 일은 쉬운 일을 다룰 때처럼 자신감 있는 자세로 추진하라. 일을 추진할 때 부정적인 생각이 앞서면 결국 실패하게 된다. 쉽다고 해서 자만하지 않고 꾸준한 자세로 일관하는 사람에게, 그리고 불가능할 것만 같은 일에도 의욕을 잃지 않는 사람에게 성공은 기다렸다는 듯이 찾아온다. 지혜로운 사람이 평정심을 잃지 않는 이유는 자신의 몫을 성실히 수행하면 결과가 항상 장밋빛이 될 것임을 확신하기 때문이다.

　　위기에 직면했을 때 고민하면서 끙끙 앓기보다는 행동으로 돌파하는 것이 좋다. 고민만 해서 해결되는 일은 세상에 하나도 없다.

　　　쉬운 일은 신중하게, 어려운 일은 자신감을 가지고 하라

변화를 두려워하는
사람에게
Those Who Fear Change

변하는 현실 세계에 적응하지 못하는 자신을 탓하기보다 옛날이 좋았다고 신세 한탄을 늘어놓는 사람들이 있다. 그런 말을 늘어놓으면서 스스로 위안을 삼을지는 모르지만, 그런 사람들은 남들이 보기에는 어리석은 사람 그 이상도, 그 이하도 아니다.

역사 이래 세상은 끊임없이 변해 왔다. 수많은 왕조가 역사에 묻혀 사라져 갔고, 한때 시류에 영합해 성공한 듯 보였던 영웅들도 변화에 적응하지 못하면 가차 없이 밀려났다. 변하는 것은 세상의 이치다. 그것을 가지고 혼자서 이러쿵저러쿵 불평해봤자 아무런 소용이 없다. 변화에 적응하는 지혜를 길러라. 세상에는 흐름이 있고 그 파도에 제대로 올라탈 수 있어야 배가 앞으로 나아간다. 지혜로운 사람은 배의 키를 제대로 붙잡고 앞을 향해 전진하는 사람이다.

시대흐름을 읽고 변화에 적응하라

실패를
두려워하라
Fear Failure

과녁을 백 번 맞히기보다 한 번이라도 벗어나지 않게 하라. 태양을 똑바로 응시할 수 있는 사람은 아무도 없다. 하지만 일식이 와서 달이 해를 가리면 실눈을 뜨지 않고도 어렵지 않게 태양을 쳐다볼 수 있다. 사악한 사람들은 남이 잘나갈 때에는 감히 덤벼들지 못하다가도 좌절을 겪으면 물고 늘어지기 시작한다. 그들은 기가 꺾인 사람을 흔들어도 손해 볼 일은 전혀 없다고 생각한다. 실제로 훌륭한 업적이나 선행보다도 단 한 번의 뼈아픈 실수도 대중의 눈밖에 나고 구설수에 오르는 것이 냉엄한 세상의 이치다. 성공 가도를 달리던 수많은 사람도 사소한 실수로 인해 그 자리에서 미끄러져 내려왔다는 사실을 잊지 마라. 악의를 품은 사람들의 손아귀에 걸려들지 않도록 매사에 만전을 기하라.

수백 번의 성공보다 한 번의 실패를 두려워하라

실수는
실수를 낳는다
One Mistake Makes Many.

실수를 저질렀을 때 핑계를 대며 그 순간을 모면하려고 애쓰는 사람이 있다. '작은 거짓말이 더 큰 거짓말을 낳게 된다'는 격언처럼 한 번 거짓말을 늘어놓으면 그 거짓말을 감추기 위해 두 배, 세 배의 거짓말을 해야 한다. 한 가지 잘못에 매달려 앞으로 나아가지 못하는 것은 결코 바람직한 일이 아니다.

인간은 완벽할 수 없는 존재다. 진실에는 희생이 따르지만 거짓에는 그보다 더 많은 대가가 요구된다. 위대한 사람도 실수는 하지만 같은 실수를 반복하지 않는다. 실수가 성공을 위한 밑거름임을 기억한다면 누구도 같은 실수를 반복하지 않을 것이다.

같은 실수를 반복하지 마라

당신만 잘난 게
아니다

**All People Are Equal;
No One Is Above My Head, Nor Below My Feet.**

　　자신의 결정을 과신하고 고집대로 일을 추진하는 것은 결코 성공에 득이 되지 않는다. 스스로 잘 살피는 것 못지않게 주변 사람의 말에도 귀를 기울여라. 새로운 일을 할 때마다 남과 충돌한다면 너무 고집스럽게 자신의 견해를 견지하고 있는 것은 아닌지 다시 한번 생각해볼 필요가 있다.

　　세상에는 모든 일을 힘으로 해결하려는 사람이 있다. 한두 번 그럴 때는 거침없고 솔직한 사람으로 인정받을지 모른다. 그러나 결국에는 모든 사람이 등을 돌리고 도움을 주지 않게 된다. 이런 사람을 윗사람으로 모시는 사람은 무척 괴롭다. 조직을 분열시키고 아랫사람의 의견은 무조건 거부하며 일의 성공은 모두 자신의 능력 덕분이라고 우기는 사람이 있다. 그런 사람은 지켜보는 것만으로도 충분히 고통스러운 일이다.

　　지혜로운 사람은 결정을 내리는 시점이 오기 전에 일의

성공 외에도 다른 점을 고려한다. 남들의 지적을 겸허하게 받아들이고 일을 성공시키기 위해 조언을 듣는 일을 게을리하지 않는다. 그렇게 해서 성사된 일을 통해 돌아오는 보상도 나눠 가질 줄 안다. 능력이 있는 사람이라도 독불장군처럼 버티고 서서 주위를 돌아보지 않으면 모난돌이 정을 맞듯 찍혀나가고 만다.

주위 사람들의 관계를 항상 깊이 성찰하여 성공을 위한 주춧돌로 삼아라.

주위 사람들과 함께 성공을 일궈라

말부터 앞서는
당신
Preceding Words Than Action

　　아무리 그럴 듯한 목표가 있다 하더라도 완결되기 전까지는 심상(心象)에 불과하다. 그러므로 결코 완성되기 전에는 공개하지 마라. 신과 달리 인간은 머릿속의 심상을 그대로 옮겨 전달할 능력이 없다. 미리 공개되어 대중에게 이러쿵저러쿵 평가받기 시작하면 사공이 많은 배가 산을 향하듯 애초의 초라한 잔상만이 사람들의 마음에 남는다. 그러면 최종 평가에도 악영향을 미치게 된다.

　　목표 설정은 모든 것의 시작일 뿐 결코 완성이 아니다. 잘 만든 요리는 미식가들의 찬탄을 받지만 가공되지 않은 날것을 놓고 맛난 요리를 떠올리는 사람은 거의 없다. 오히려 비위가 상하지 않으면 다행이다. 신이 창조한 대자연도 사람의 눈길과 평가를 받기 전에 완성되었음을 기억하라.

완성되지 않은 것은 공개하지 마라

참신한 사람이
좋다
A Rolling Stone Gathers No Moss.

＼　　새로운 것은 사람들의 눈길을 끈다. 뭔가 참신한 모습을 보여 주는 사람은 새롭다는 이유만으로도 깊은 인상을 심어준다. 이전의 것과 달리 사람들의 감각을 환기시켜 놀라움을 안겨주기 때문이다. 그래서 낯익은 완벽한 것보다 평범하지만 새로운 것이 부각되는 것이다.

그러나 달콤한 말도 많이 들으면 물리듯 새로운 것도 언젠가는 싫증이 나게 마련이다. 며칠 또는 몇 주가 지나면 새로운 것에 대한 열광은 자연스레 수그러든다. 새로움은 익숙함으로 변하고 놀라움은 가라앉아 버리고 만다. 새로운 것도 때가 있다. 때를 놓치면 기회는 손가락 사이의 모래처럼 흘러내려 사라지게 된다.

변화하고 또 변화하라

구태
舊態
Old Conditions

시대가 달라지면 그 시대가 요구하는 가치도 달라진다. 아무리 훌륭한 지식을 가진 사람이라 하더라도 동시대 사람들에게 인정받지 못한다면 무슨 소용이 있겠는가.

시간이 지나면 낡고 오래된 사고방식은 더 이상 통용되지 않는다. 그러므로 시류를 읽고 현재의 가치관을 습득하려는 자세가 요구된다.

지혜로운 사람은 시대의 징표를 먼저 살핀다. 현재 무엇이 우세한가를 읽고 그 안에서 자신이 대처할 방식을 결정하는 것이다. 필요하다면 시대의 흐름에 맞추어 새로운 옷으로 갈아입는 일도 마다하지 않는다. 오래되고 익숙한 것이 좋다고 해서 그것만을 고집하면 성공하기 어렵다는 사실을 분명히 알고 있는 것이다.

시대의 징표를 읽고 대처하라

신중함을
나침반 삼아
Look Before You Leap

　　사업할 때 결정적인 판단은 적절한 때와 장소, 상황에 따라 해야 한다. 시간과 기회는 한번 지나가고 나면 다시 돌아오지 않으므로 절대 놓치지 말아야 한다. 예외 없이 적용될 규칙을 세워놓고 일해서는 안 된다. 일단 틀 속에 갇혀 있으면 상황에 걸맞은 판단을 내리기가 힘들어진다. 사업의 세계는 하루에도 몇 번씩 엎치락뒤치락 변화를 거듭한다. 지금 얻는 조금의 이익이 얼마 지나지 않아 자신의 목을 조르는 독이 될 수 있다. 사업에 성공하기 위해 현명한 사람은 신중함이라는 지침에 따라 자신을 상황에 맞추어 나가는 법을 터득한다.

신중함이라는 지침에 따라 자신을 상황에 맞춰라

우유부단 2
Indecisiveness

주저하지 마라. 목표를 정했으면 그것에 매진해야 한다. 결정한 일을 앞에 두고 주저하면 실패할 확률이 더 높다. 결정된 사항을 앞에 두고 망설이는 지도자는 우유부단하다. 이미 단단한 결심을 했다 할지라도 훈수가 귓전에 들릴 때마다 마음이 흔들리는 사람은 이리저리 방향을 바꾸며 소리 내는 풍경과도 같다. 풍경은 언제나 바람을 타고 흔들릴 뿐 제 소리를 내지는 못하기 때문이다.

자신의 의지보다 타인의 훈수에 의해 방향을 못 잡고 목표가 바뀌는 리더는 어떤 일도 능숙하게 해내지 못한다. 그는 성공을 향한 전진보다는 현상 유지에만 급급하고 주변을 두리번거리며 멈칫거린다. 지혜로운 사람은 목표를 신중하게 정한 후 혼신의 힘을 다해 앞으로 나아간다.

주저하지 마라. 전진만이 성공하는 길이다

진정으로 지혜로운
사람이란
What Is Truly Wise Man...

　　　　지혜로운 사람은 반드시 성공한다. 지혜는 모든 탁월함의 열쇠이며 행복한 인생의 주춧돌이다. 지혜로운 사람은 거짓과 위선을 판단할 수 있는 분별력, 과욕을 부리지 않고 베풀 줄 아는 마음, 논쟁에서 지지 않는 치밀함, 두둑한 배짱, 그리고 옳고 그름을 판별할 수 있는 통찰력까지 갖추게 된다.

　　나아가 지혜는 사람의 명성을 높인다. 때로는 양처럼, 때로는 사자처럼, 때와 장소와 상대하는 사람에 따라 다른 리더십을 보여줌으로써 모두가 탄복하며 귀를 기울이게 한다. 이는 지혜의 본질이며, 그 밖의 모든 것은 허접쓰레기에 지나지 않는다. 위대함은 지혜를 통해 얻어진다. 현명한 왕들은 살아있을 때 사람들에게 인정받고, 세상을 떠난 후에도 사람들의 칭송이 그치지 않는다. 모두가 부러워하는 지혜를 소유했기 때문이다. 지혜를 갈고 닦아 위대해져라!

　　　　지혜는 탁월함의 열쇠이며, 행복한 인생의 주춧돌이다

03 PART

관계를 위한
지혜의 기술

Why be a man when you can be a success?
Bertolt Brecht

성공한 사람이 될 수 있는데,
왜 평범한 사람으로 머무르려 하는가?

베르톨트 브레히트

신세
진다는 것
The Meaning Of Depending Of Others' Favors

⬤

　　지혜로운 사람은 세상에 신세 지기보다는 세상이 필요로 하는 사람이 되고자 노력한다. 지혜로운 사람은 감사하다는 말을 듣기보다 세상에 대한 자신의 지배력을 강화하는 것을 선호한다. 감사하다는 입에 발린 말은 쉽게 잊히고 공허한 수사(修辭)에 가까운 경우가 많다. 그래서 지혜로운 사람에게는 진정성이 담긴 실적을 지속적으로 쌓아 그에게 신뢰감을 얻어 미래를 향해 나아가는 기반을 만들어라. 이런 방법은 당신의 가치를 올려주는 좋은 열쇠가 된다.

　　사람들이 당신을 의지하게 하되, 그들의 요구를 일거에 다 들어주지는 마라. 오아시스는 목을 축이고 나면 필요가 없어지며, 과즙을 쥐어 짜낸 오렌지는 버려진다. 믿고 의지하는 마음이 없는 사람들은 더 이상 당신을 존경하거나 존중하지 않는다. 남들이 당신을 계속 믿고 따르게 하기 위해서는 그들의 요구사항을 조금씩 들어주어라. 이것은 오랜 경험을 통해 확인된 사실이다.

주변인의 요구를 한 번에 들어주지 마라

대화
자세
Attitude Of Dialogue

　자신의 의도를 훤히 드러내지 마라. 그보다는 남의 말을 경청하라. 입을 다물고 있으면 사람들이 당신에 대해 얻을 수 있는 정보가 제한된다. 그들은 당신이 자신들의 기대에 어울리는 사람인지 알아보려 떠보다가 제풀에 지쳐 속내를 털어놓을 것이다.

　언제나 신비스러운 태도를 유지하라. 그러면 사람들이 당신에게 끌려들 것이다. 어쩔 수 없이 자신을 드러내야 할 때도 전부를 드러내지는 마라. 들려주어도 괜찮은 말이 있고 감추는 것이 나은 이야기도 있다.

　어떻게 해야 할지 판단이 서지 않을 때는 주의 깊게 다른 사람들을 지켜보면서 기다려라. 사람들을 관찰하며 한 번 더 생각하면 공개해야 할지, 비밀로 해야 할지가 분명해진다.

　일단 자신의 의도를 드러내고 나면 입장을 바꾸기가 어렵고 비판에도 무방비로 노출된다. 미리 공개한 계획의 결

과가 좋지 않으면 당신은 두 배로 어려움을 겪게 될 것임을
잊지마라.

의도를 함부로 드러내지 마라

거절도
착하게
Also Be Good Rejection

＼ 살아가면서 꼭 배워 두어야 할 것 중 하나는 거절하는 방법이다. 자신의 욕망을 절제하는 일은 혼자 조절할 수 있다는 점에서 상대적으로 쉽지만 사업상 만나는 사람들의 부탁을 거절하는 것은 남을 배려해야 하는 일이므로 더 어렵다.

성공을 향해 달리는 사람에게는 나방이 불빛에 홀려 달려들 듯 수많은 사람이 모인다. 남의 말에 귀를 기울일 필요는 있다. 하지만 분명히 옥석을 가려서 들어라. 일일이 들어주다 보면 당신이 가야 할 결승점은 점점 멀어지고 만다. 남들이 부탁하는 것에 너무 신경 쓰지 마라.

남에게 부탁할 때도 마찬가지다. 거절당할 것 같은 일은 부탁하지 마라. 부담스러운 부탁은 일의 성패를 떠나서 인간관계를 악화시킬 수 있다. 달콤한 꿀도 배부를 때까지 먹고 나면 질리게 마련인데, 어려운 부탁을 계속 받는다면 달가워할 사람은 세상 어디에도 없다. 거절은 조심스럽게

그러나 단호하게, 청탁은 결정적인 것만을 골라 부담스럽
지 않게 하라.

거절은 조심스럽지만 단호하게 하라

관대한
태도
Open-Minded Attitude

사람들의 인격적 결함이나 잘못에 대해 관대해야 한다. 현명한 사람일수록 자신의 재능 때문에 남을 평가하는 기준 자체가 높아져 있게 마련이고, 냉정하고 확실하게 평가하기 때문에 원성을 많이 산다.

인간관계에서는 호불호를 드러내지 않아야 할 때가 많다. 꼴 보기 싫은 동료가 있을 때 어리석은 사람은 다시는 보지 않을 것처럼 대한다. 하지만 절대로 그 동료의 도움이 필요하지 않을 거라고 장담할 수 있는 사람이 얼마나 있겠는가. 지혜로운 사람은 자신의 감정을 드러내고 화를 내기보다는 웃는 얼굴로 상대를 대하는 너그러움을 보여준다.

하지만 더 이상 견딜 수 없을 정도의 잘못을 저지르는 상대를 용서하는 것은 결코 너그러운 태도가 아니다. 마음의 칼은 결정적일 때 사용하는 것이다. 일격에 상대방을 제압하지 못하면 그 칼날은 반드시 자신에게 되돌아온다는 점을 잊지 마라.

타인에게 너그러운 사람이 돼라

친구도
선택해서 사귀어라
Be Careful Whom You Make Friends With.

배울 것이 있는 사람을 친구로 삼아라. 대개 그런 사람은 좋은 인맥을 유지하고 있다. 자신과 인연이 있는 사람들에게 도움 받는 것을 꺼리지 마라. 고마움을 느꼈다면 그만큼 돌려주면 된다. 지혜로운 사람들을 친구이자 스승으로 삼고 그들에게서 배워라. 그들에게서 세련된 화술과 유용한 지식을 배워 당신 성공의 밑천으로 삼아라. 까마귀와 어울리면 까마귀처럼 새까맣고 초라한 존재가 될 뿐이지만 공작과 어울리면 공작처럼 크고 아름다운 깃털을 나누어 갖게 된다(서양문화권에서는 까마귀가 대체로 불길한 새로 인식된다). 자신의 한계를 설정하지 말고 언제나 한 걸음 더 나아갈 수 있다고 확신하라. 뛰어난 사람들과 어울리면서 자신의 부족함을 탓할 필요는 없다. 그들도 특별한 친구를 만나 서로 영향을 주고받으며 성장해 탁월한 사람이 되었다. 배워야 할 지식은 끝이 없다. 모자란 부분을 총명한 친구들의 도움으로 채워라.

뛰어난 사람과 교유하라

공치사에
집착하지 말 것
Do Not Cling To Talk About Self-Praise

아무리 작은 공적도 윗사람에게 돌려라. 자신의
자리를 위협하는 부하에게 증오심을 갖는 것은 인지상정이
다. 아랫사람이 자신보다 우수하면 윗사람은 은근히 질투
한다. 그러므로 윗사람을 상대로 공을 다투지 마라.

운이 좋아 복권에 당첨된 사람이나 성격이 좋아 친구가
많은 사람은 남들로부터 부러움을 산다. 그러나 똑똑한 사
람은 질투나 적개심의 대상이 되기도 한다. 아랫사람이라
면 특히 그러하므로 장점은 조심스레 숨겨 놓는 것이 좋다.

지성이야말로 사람이 가진 능력 중에서 남들에게 가장
인정받는 것 중 하나다. 윗자리에 앉은 사람은 대개 남들로
부터 존경받는 것으로 자신의 위치를 가늠 한다. 윗자리에
앉은 사람은 자신의 명성을 높여주는 사람에게는 밝은 미
소를 보내지만, 자신의 명성에 흠집을 내는 사람에게는 성
난 눈길을 보낸다. 윗사람이 당신의 조언을 필요로 할 때,
한 수 가르쳐 준다는 식의 태도를 보이는 것은 절대 금물이

다. 그보다는 그가 잊고 있었던 일을 상기시켰을 뿐이라는 생각이 들게 처신하라.

지혜로운 사람은 자신의 위치에 맞는 처세술을 터득한다. 하늘의 별조차 자신들이 처한 위치에 어울리는 빛을 발하고 있지 않은가. 별들은 결코 태양보다 밝은 빛을 내지 않는다.

작은 공적도 윗사람에게 돌려라

기대심리
Psychology Of Expectation

일을 시작할 때, 사람들의 기대심리를 지나치게 높이지 마라. 실제 일을 하다 보면 뜻밖의 장애물을 만나 고전하는 경우가 있다. 이렇듯 현실과 생각의 괴리는 매우 넓고 깊다. 우리가 이러한 함정에 빠지는 이유는 자신을 좀 더 높이 평가하고 싶은 욕망에 사로잡혀 현실을 직시하지 못해서다. 다행히 긍정적 결과를 얻었다고 해도 예상에 미치지 못하면 사람들은 실망한다. 그러므로 시작이 순조롭다고 해서 결과를 예단하고 사람들의 기대심리를 높여놓는 것은 결코 현명한 태도가 아니다. 기대가 낮을수록 성공을 거두면 의외로 놀라는 사람이 많고, 성과를 이루어낸 그 사람은 인정을 받는다.

반면에 최악의 사태에 대비하는 것은 다른 사람의 기대심리를 낮춰두는 일만큼 중요하다. 미리 지적하고 대비한 사람은 잘못된 결과가 나왔을 때 능력 있는 사람으로 대접받고 칭송을 듣는다.

기대심리를 높이지 마라

내면의
진실
Inner Truth

우리는 흔히 첫 인상으로 상대의 유·무능을 판단한다. 하지만 중요한 것은 겉모습이 아니라 내면에 감춰져 있는 경우가 많다. 그중에서도 보석과 같이 소중한 것은 겉으로 잘 드러나지 않는다. 겉모습에 현혹되지 마라. 경박한 사람들은 어쩌다 만난 현자들에게서 대단한 것을 발견했다며 호들갑을 떤다. 그러나 지혜로운 사람은 귀를 쫑긋 세우고 눈을 크게 떠서 소문의 실체가 무엇인지 파악부터 한다.

지혜로운 사람들은 마음속에 감춰둔 자신의 실력과 빛나는 능력을 쉽게 드러내지 않지만 배우려는 열망을 보이는 사람에게는 자신의 가치를 조금씩 드러낸다. 겉모습보다 내적 성숙을 중시하는 사람은 자신도 모르는 사이에 높은 식견을 갖추게 된다. 이는 명백한 사실이다.

내면을 보도록 노력하라

상대를
제대로 알아라
Correctly Identify Your Opponent.

비즈니스로 맺어진 사람들은 이해관계에 의해 움직인다. 아주 작은 이익이라도 주어지면 기존의 약속을 슬며시 파기한다. 그러다가 손해를 보면 그것을 빌미로 턱도 없는 청탁을 하기도 한다. 직업상 거래 관계에 있는 사람들의 약점을 찾는 일은 자신을 보호하기 위해 지혜로운 사람이 어쩔 수 없이 택하는 기술이다. 정직하고 바르게 대해도 사람을 신뢰하지 않는 사람에게는 정직과 믿음이라는 미덕은 뒤로 밀려난다.

우리 인간은 누구나 한두 가지 약점을 가지고 있다. 큰돈을 벌 기회를 알려주겠다는 근거 없는 말에 금방 현혹되는 사람도 있고, 향응접대라면 사족을 못 쓰는 사람도 있다. 그리고 감투를 안겨주면 그 장단에 맞추어 지쳐 나가떨어질 때까지 춤추는 사람도 있다. 사람들이 지닌 이런 성향은 사소해 보일지라도 활용하기에 따라서는 얼마든지 자기가 원하는 방향으로 나아갈 수 있는 유용한 도구가 된다.

상대의 성격을 알아두는 것 역시 중요하다. 협박으로 윽박질러야 말을 듣는 사람이 있고 살살 구슬려야 말을 듣는 사람도 있다. 인간의 욕망은 벌레가 날아드는 꿀단지와 같다. 그 꿀단지를 차지하는 사람이 최종 승리자가 된다.

상대의 약점을 활용하라

뒷담화는
절대 금물
Don't Speak Ill Of Him Behind His Back.

허튼 소문을 여기저기 퍼뜨리는 사람이 되지 마라. 적을 쓰러뜨려야 한다면 치밀한 준비와 계산을 통해 일격에 쓰러뜨려야 한다. 시시콜콜한 소문 따위를 퍼뜨려 봤자 적은 타격을 거의 받지 않는다. 그런 소문은 적을 웃음거리로도 만들지 못하기 때문이다. 게다가 적이 소문의 출처에 대해 알게 되면 그를 쓰러뜨릴 기회는 영영 사라지고, 오히려 당신에 대한 험담만 늘어날 것이다. 되로 주고 말로 받는 어리석음을 자초하지 마라.

소문을 퍼뜨리는 사람에게 맞장구치며 즐거워하지 마라. 반드시 그와 한 덩어리로 비난을 듣게 된다. 남을 비웃느라 즐거워했던 만큼 당신도 비웃음을 사게 될 것이다. 남의 성공을 칭찬하는 것은 좋지만 실패를 놓고 함부로 비판하지 마라. 나쁜 소문을 퍼뜨리는 사람은 반드시 남의 미움을 사게 되며, 남을 험담하는 사람은 더 지독한 험담을 듣게 된다.

험담, 되로 주고 말로 받는다

상대방을
제대로 파악하라
Correctly Identify Your Opponent.

　　상대방이 한 말에 담긴 속뜻을 알아내고 이에 대비하라. 교활한 사람들은 빙빙 돌려 말함으로써 상대방의 이해 능력이나 속마음을 간파하려고 한다. 그리고 상대방의 고통을 즐김으로써 이중으로 괴로움을 주기도 한다. 아무리 존경받는 사람이라도 그런 교활한 사람들이 파놓은 함정에 빠지면 마치 거미줄에 걸린 파리처럼 옴짝달싹 못하고 대중에게 잡혀먹힐 수도 있다. 그러나 교활한 사람들에게는 똑같은 방법으로 대응해봐야 소용이 없다. 그들은 특유의 둔감함으로 대중의 불만이나 합리적인 비판에도 끄덕하지 않을 강심장을 갖고 있다.

　　결국 지혜로운 사람은 스스로를 보호하기 위해 노력할 수밖에 다른 뾰족한 수가 없다. 그러니 상대방이 어떤 사람인지를 파악해 두라. 불의의 일격이라면 모를까, 미리 대비하고 있는 사람에게 상처 입힐 수는 없는 법이니까.

상대의 속마음을 간파하라

관계의
중요성
The Importance Of The Relationship

＼　　　보통 사람은 위대한 사람을 보면 그저 존경심을 보이는 것에 그치지만, 지혜로운 사람은 자신도 그런 위치에 오를 것을 꿈꾸고 끊임없이 노력한다. 다른 사람의 경험을 자신의 그것과 비교해볼 줄 아는 능력은 공감(共感)이라는 능력이다. 이러한 능력은 오직 도전정신과 진취적 태도를 가진 사람만이 이룰 수 있다.

지혜로운 사람이 대중과 쉽게 친밀해지는 것도 공감력 때문이다. 자신보다 탁월한 사람처럼 되고 싶다는 포부를 지향할 때는 도전정신이 되지만, 부족한 사람을 향할 때는 동정심이 된다. 가려운 곳을 긁어 주고 아픔을 함께 나누는 리더한테 대중은 손쉽게 매혹된다. 또 대중은 뛰어나다는 평가를 듣게 되면 곧바로 존경심을 보이고, 자신을 아끼고 있다는 믿음을 갖게 되면 호의와 애정을 표시하게 된다. 이런 관계가 지속되면 두 말할 필요 없이 설득 가능하며 큰 노력 없이 결실을 이룰 수 있다.

대중과 함께 호흡하라

기대기 좋아하는
당신에게
Advice For Wishful Thinkers...

＼　　도움을 받는 것은 좋지만 의존하지는 마라. 어떤 사람은 다른 사람보다 좋은 환경에 태어나 큰 수고 없이도 안락하게 살아간다. 이런 사람들을 부러워하며 신세를 지고 다니는 사람은 노예나 마찬가지라는 점을 잊어서는 안 된다. 자유는 동정보다 훨씬 값어치 있는 것이다. 자유를 잃은 사람은 자신이 이룰 수 있는 일에 스스로 한계를 긋는 사람과 다름없다. 다른 사람이 의지할 만한 사람이 되기보다는 아무에게도 의지할 필요가 없는 사람이 되는 것이 낫다.

　　　　　　　　　도움을 받더라도 의존하지는 마라

좋은 참모를
골라라
Pick A Good Staff

세상에는 자신의 능력 부족보다는 장비를 탓하는 사람이 많다. 자신은 그 변명에 만족할지도 모르지만, 그 변명에 기망당하는 사람은 아무도 없다. 아랫사람은 마치 도구와 같아 쓰기에 따라서는 훌륭한 성과를 내지만 만족스러운 성과를 이루지 못하면 원성은 윗사람에게 돌아가는 법이다.

그러나 재상(宰相)이 훌륭하다고 군주의 명성을 훼손하는 경우는 찾아보기 어렵다. 아랫사람을 제대로 부려 돌아오는 명예는 모두 윗사람에게 돌아간다. 훌륭한 성과를 거둔 사람은 '좋은 부하를 두었어.'라는 평가를 받기보다 '능력 있는 사람이야.'라고 인정받게 된다. 도구를 선택할 때 일의 성격에 어울리는 것을 고르듯, 부하 역시 신중하게 선발하여 적재적소에 배치하는 용인술(庸人術)을 발휘하라.

부하를 적재적소에 배치하라

위트가 있는
당신
Wister

＼　　　살다 보면 별로 중요하지 않다고 여겨 무심코 지나쳤던 일 탓에 사람들로부터 지탄을 받거나 궁지에 몰리게 될 때가 가끔 있다. 자신의 잘못이 아니라는 점을 아무리 설명해도 전혀 받아들여지지 않는다. 이럴때 발뺌을 할 줄 아는 것도 지혜의 기술 중 하나이다. 재치 있는 농담 한 마디가 좌중 분위기를 우호적으로 만들 수 있고, 멋진 미소는 백 마디 변명보다 나은 법이다. 곤잘로 데 코르도바(스페인의 장군)는 약탈로 유명했지만, 언제나 사람들의 추궁을 피하는 방법을 잘 알고 있었으므로 결국 위대한 인물의 반열에 오를 수 있었다. 거절할 때도 마찬가지다. 재치 있고 유머 넘치는 화술로 응대하면 어려움은 저절로 해결된다.

재치 있는 말로 상대를 설득하라

오지랖
넓은 사람
Nosey Parker

╲　　귀찮고 성가신 일에 말려들지 않도록 조심하라. 고민의 씨앗을 마음속에 묻어두고 있으면 알지 못하는 사이에 몰래 자라나 몸을 망친다. 신중하게 행동함으로써 그런 고민의 씨앗을 마음에 심어두지 마라. 그래야 여러 가지 귀찮고 번거로운 일에 말려들지 않을 수 있다. 조심스럽고 주의 깊은 태도를 유지하는 것은 행운과 만족을 가져다준다는 루키나(출산을 담당하는 로마 신화의 여신, 유노의 딸)의 축복을 항상 받는 것과 다를바 없다.

고통스러운 일에 억지로 남을 끌어들이지도 마라. 마음을 아프게 하거나 답답하게 만드는 이야기를 듣고 싶어 하는 사람은 없다. 자신도 듣고 싶지 않은 이야기를 남에게 들려주는 것은 평판을 망치는 지름길이다.

지혜로운 사람은 듣기 좋은 아첨이나 간사한 말을 멀리하며 남을 헐뜯는 가십에도 귀를 기울이지 않는다. 또 독약을 마시지 않으면 하루도 지낼 수 없었던 미트리다테스 6세

(소아시아 지역 폰토스의 왕으로 독에 대한 면역을 얻기 위해 매일 조금씩 독약을 먹었다.)처럼 불쾌한 일을 애써 찾아다니지도 않는다. 남을 돕는 데서 만족감을 느끼는 것은 좋지만, 도리어 그 때문에 괴로움과 고민의 씨앗을 자신이 품게 되는 상황을 만들지는 마라. 무엇인가 문제가 있을 때 조언해주는 것으로 그쳐라. 자기 자신의 행복을 희생해가며 남을 도울 필요는 없다.

성가신 일에 말려들지 마라

거절하는 방법
How To Reject

모든 사람의 부탁을 일일이 들어줄 수는 없다. '아니오.'라고 말하는 것도 부탁을 수락하는 일 못지 않게 중요하다. 특히 윗사람과 관련된 경우일 때에는 더욱 그렇다. '아니오, 못합니다.'라고 대답한다고 해서 당신의 위신이 추락하거나 능력이 저평가되는 것은 아니다. 오히려 '네, 할 수 있습니다.'라고 큰소리쳐놓고 자신의 말을 지키지 못하는 게 윗사람에게 훨씬 더 부정적 이미지를 심어준다.

중요한 것은 거절하는 태도와 방식이다. 때에 따라서는 '아니오.'라고 하는 것이 다른 사람의 '네'보다도 고맙게 여겨질 수 있다. 깍듯하고 명확한 이유를 담고 있는 '아니오'가 흐리멍덩하고 불분명한 '네'보다도 상대방 귀에 명료하고 신뢰감 있게 들리는 법이다. 그러나 무엇에든 부정적인 반응을 보여서 상대방에게 호감을 잃는 사람들도 있다. 그 사람만 보면 '아니오.'라는 말이 먼저 떠오른다. 대화를 시작할 때부터 불쾌한 인상을 주는 사람은 나중에 부탁을 들어준다고 해도 좋게 기억되지 않는다.

　지혜로운 사람은 긍정적 태도를 유지하면서 서서히 상대방을 설득함으로써 상대가 그의 거절에 대해 유감을 갖지 않도록 한다. 지혜로운 사람이 거절할 때에는 몇 가지 요령이 있다. 먼저 딱 잘라 거절하는 행위는 절대 피한다. 상대방의 청탁을 무 베듯 눈앞에서 바로 딱 잘라 거절하면 상대방은 앙심을 품을 수밖에 없다. 그리고 상대방의 말을 주의 깊게 경청한다면 어떤 상황에서도 완전하게 거절하지는 않는다. 수락할 가능성이 남아 있을 때 상대방은 결코 당신을 적으로 돌리지 않는다. 마지막으로 겸손한 자세와 따뜻한 말 한마디로 상대방을 위로한다. 상대는 자신이 거절당했다는 것조차 깨닫지 못하게 될 것이다. '아니오'와 '예'는 짧지만 많은 고민을 해야 하는 단어임을 잊지 마라.

　　　　모든 사람의 부탁을 전부 들어줄 수는 없다

존경받고
싶다면
If You Want Respected...

　　동등하거나 낮은 지위에서 같이 일할 때는 친절하고 간이라도 내어줄 듯 싹싹하게 굴다가도 지위가 높아지면 안하무인이 되는 사람이 있다. 존경받고 싶다면 절대로 이렇게 행동해서는 안 된다. 오만하고 비인간적인 태도를 보이는 사람은 지위가 낮아지기 무섭게 모든 이로부터 물어뜯기게 된다.

　　상대방에게 호감 사는 방법을 알면서도 미움을 받게 행동하는 사람은 어리석다고밖에는 말할 수 없다. 그들은 마치 지위가 자신의 전부인 듯 여러모로 멍청한 행동을 한다. 세상이란 이름의 바다는 인간의 머리로는 전부 파악할 수 없는 큰 파도를 품속 깊이 감추고 있다는 사실을 잊어서는 안 된다. 지혜로운 사람이 되고자 한다면 항상 조심스럽고 겸손한 태도를 유지해야 한다. 존경심은 스스로 자라나도록 내버려 두어야지 강요한다고 생겨나지는 않는다.

　　　　　　　　　　　항상 겸손한 태도를 유지하라

농담도 지나치면
독이 된다
Too Much Humor Can Be Poisonous.

위트가 넘치는 것은 좋을 일이지만 그렇다고 농담으로 일관하지는 마라. 연회(宴會)에서 농담과 재담을 늘어놓는 사람은 주변의 이목을 끈다. 그렇다고 때와 장소를 가리지 않고 지나친 재담을 늘어놓는 사람은 비천한 사람으로 취급받을 수 있다. 고급스럽고 재치 있는 촌철살인(寸鐵殺人)은 사람들을 웃게 하지만 저급한 농담은 그저 웃음거리가 될 뿐이다.

농담을 지나치게 늘어놓는 사람이 신뢰받지 못하는 큰 이유는 진실과 거짓의 경계를 흐려놓기 때문이다. 평소 분별력 없는 말을 늘어놓던 사람이 정색하고 진실을 말한다 해도 신뢰를 받기가 어렵다. 그에 비해 진지한 태도로 남의 말을 경청하는 사람이 조크를 던지면 주변 사람들의 주목을 받게 되고 그래서 그 말은 신빙성 있게 들리게 된다.

농담, 때와 장소를 가려 하라

카멜레온처럼
Like A Chameleon

상대에 따라 다르게 처신하라. 프로테우스는 자신의 변신 능력을 활용해 올림포스의 여러 신을 속였다. 처세술에 능한 사람은 학자를 대할 때에는 공부하는 학생처럼, 성인을 만나면 성인의 가르침을 배우려는 제자처럼 행동한다. 이런 처신은 상대방의 마음을 사로잡는다. 사람은 누구나 자기와 비슷한 기질을 가진, 배우려는 사람에게 끌리기 때문이다.

처음 만났을 때 상대방의 특성을 파악해두는 지혜가 필요하다. 기질과 특성을 이해하면 어떻게 상대해야 좋을지 쉽게 알 수 있다. 보수적인 사람에게는 겸손하고 고분고분한 태도로 상대하고, 명랑한 사람에게는 재기발랄한 사람으로 행세하는 등 상황에 따른 임기응변이 필요하다. 다른 사람의 도움을 얻고자 하는 사람이라면 더욱 이런 처신에 능해야 한다.

상대에 따라 다르게 처신하라

성격이
좋아야
Also Should Be Good Personality.

＼　　　　위트 있는 말로 좌중을 웃길 수 있는 테크닉은 인맥을 형성하는 데 매우 중요하다. 어색한 자리에서 남에게 웃음을 줄 수 있는 사람은 자신을 알릴 기회를 놓치지 않는다. 쾌활한 성격은 지나치지만 않다면 재능이지 결코 흠이 아니다.

사적 모임뿐만 아니라 일을 할 때도 쾌활한 성격으로 농담까지 건넬 수 있는 여유 있는 자세는 긍정적으로 작용한다. 쾌활한 사람은 어려움이 닥쳐와 실패를 해도 기죽지 않고 언제든 재도약할 기회를 마련한다. 이런 사람들은 남들이 심각하게 생각하는 문제에 대해서도 농담처럼 쉽게 받아 넘기고 훌훌 털어버린다. 자신감을 잃지 않는 이러한 태도는 커다란 매력이 되어 상대의 마음을 사로잡는다.

쾌활한 성격은 상대에게 호감을 준다

입에 쓴 약이
몸에도 좋아
Good Medicine Tastes Bitter.

＼   주위 사람이 별 뜻 없이 나누는 잡담에서도 자신에게 도움이 되는 정보를 찾아내는 사람이 있다. 그런 사람은 지나가는 말에 숨겨진 속뜻을 남보다 먼저 파악하고 이득과 손실을 헤아린다.

지혜로운 사람은 어리석은 사람이 흘려 넘기는 말을 놓치지 않는다. 필요한 정보를 집어내는 능력이야 말로 지혜로운 사람이 갖춰야 하는 덕목 아닌가. 다른 사람의 말에 현혹되지 말고 자신의 눈으로 보고 머리로 판단하라. 사람의 귀는 워낙 얇아서 한줌도 안 되는 진실보다는 수많은 거짓에 현혹되기 십상이다. 진실은 절대로 순수한 형태로 전달되지 않으므로 남들로부터 전해들은 정보는 한번쯤 의심해 볼 필요가 있다.

판단을 내릴 때 감정이 개입하지 않도록 주의할 필요역시 있다. 감정은 좋은 쪽으로든 나쁜 쪽으로든 일단 개입되면 제대로 된 판단을 할 수 없게 만든다. 비판은 귀담아

듣고 칭찬은 물리쳐라. '입에 쓴 약이 몸에는 좋다'는 옛말
처럼 잘못을 깨우치는 데는 남들의 비판만한 것이 없다.

비난은 귀담아 듣고 칭찬은 물리쳐라

질투심
Jealousy

＼　　　너그러움은 세상을 살아가는 모든 사람이 갖춰야 할 미덕이다. 지혜로운 사람도 가끔은 부주의한 행동을 하고 하찮은 실수를 저지른다. 때로는 이런 행동이 자신의 재능을 알리는 최선의 방법이 되기도 한다. 시기심 때문에 남을 배척하는 일은 흔히 있는 일이다. 그렇지만 속된 사람의 질투심만큼 막기 힘든 것도 그리 많지 않다. 나무랄 데 없는 사람에게 지나치게 완벽하다는 것을 이유로 꼬투리를 잡고, 잘못을 저지르지 않는 걸 잘못이라고 비난하는 사람들도 많다.

질투는 백 개의 눈을 가진 아르고스(그리스 신화에 나오는 온 몸에 눈이 달린 괴물)처럼 위대한 사람들한테서 결점을 찾아내려고 애쓴다. 악한 사람은 다른 사람에게서 사소한 결점을 발견하고 비난함으로써 만족을 얻는다. 비난은 날카로운 화살처럼 하늘을 나는 새(지위가 높은 사람)도 쏘아 떨어뜨릴 수 있기 때문이다.

위대한 시인 호메로스는 가끔 조는 척함으로써 정적들의 질투를 피했다. 지혜와 의지가 부족함을 가장하고 조심성이 없는 모습을 보여주려 연기했던 것이다. 이것은 사람의 마음속에 숨겨진 증오의 독(毒)을 퍼뜨리지 않도록 하는 주의 깊은 행동 요령이다.

실수나 부주의를 가장해 질투심을 회피하라

약점 관리
Weaknesses In Management

대중은 하나같이 호사가(好事家)들이다. 그들은 남들을 안주 삼아 악담하기 좋아하고 나쁜 소문에 희생된 사람에게 하이에나처럼 달려들어 그 사체를 뜯어 먹는 것을 즐긴다. 수많은 입에서 쉬지 않고 튀어나오는 중상모략 앞에서는 아무리 대단한 명성을 가진 사람이라도 버텨내기 어렵다. 대중의 가장 좋은 먹잇감은 아주 작고 사소한 결점들이다. 왜냐하면 사소한 결점일수록 찾아내기도 쉽고 이야기를 꾸며내어 살을 붙이기도 쉽기 때문이다.

경쟁심에 불타는 적들의 모함에 걸려들지 않도록 주의하라. 정말 입심이 센 사람이라면 진실에 약간의 거짓을 섞은, 악의 서린 농담만으로도 상대를 거꾸러뜨릴 수 있다. 악평은 들불처럼 순식간에 번져 나간다. 좋지 않은 소문을 쉽게 혹하고 믿어버리는 것이 대중의 속성이기 때문이다. 일단 퍼지기 시작한 소문은 누구도 막을 수 없다. 비열한 인간들의 교활한 행동거지에 항상 촉각을 곤두세우고 소문의 진원지를 파악하라. 아무리 하찮더라도 소문은 퍼지기 전에 막는 것이 나중의 수고를 몇 배나 줄이는 길임을 잊지 마라.

경쟁자들에게 약점을 잡히지 마라

베일에
가려진 듯 처신하라
Seemed Shrouded In A Veil

마음속에 있는 생각을 전부 밖으로 드러내고 다녀서는 안 된다. 지혜로운 사람은 자신을 알리면서도 자신의 생각은 전부 헤아릴 수 없게 만든다. 누구도 지혜로운 사람의 능력이 어디까지인지 알지 못하게 하려고 하는 것이다. 손바닥을 들여다보듯 훤히 자신의 능력을 알리고 움직인다면 기대하고 바랄 여지가 어디에 있겠는가. 쓸데없이 자신을 드러내는 것은 그만큼 실망의 단초(端初)를 제공하는 행동이 될 뿐이다. 남들에게 적절한 환상을 심어주면 긍정적 평판과 명성을 얻는 데 도움이 된다.

자신에 대해 환상을 갖게 하라

상대의 결점에
익숙해져라

Get Used To Familiar With
The Shortcomings Of The Relative.

가까운 사람, 친구나 가족이나 친지들의 결점에 익숙해져라. 도무지 피해갈 수 없는 관계에서 결점을 일일이 지적하고 서로 얼굴을 붉히는 것은 어리석은 짓이다. 아무리 어렵더라도 끝내버릴 수 없는 관계에 있다면, 차라리 상대에게 적응하는 편이 낫다. 추한 얼굴도 자주 보면 참을 만해지는 게 인간의 간사한 속성이다. 마찬가지로 상대의 비열하고 추악한 성격에도 익숙해져라. 일단 익숙해지고 나면 어떤 일이 벌어져도 균형 감각을 잃지 않고 대처할 수 있게 될 것이다.

타인의 결점을 포용하라

호감 가는
사람
Amiable Person

남들과 다투는 것은 상대가 누구든지 간에 좋은 징조가 아니다. 특히 상대가 경쟁자라면 더욱 그렇다. 경쟁자와 싸우면 제아무리 좋았던 이미지도 금세 잃어버리게 된다. 싸움이 시작되면 상대는 곧바로 이쪽의 결점을 찾아내어 소문냄으로써 이쪽의 신용을 떨어뜨리려고 한다. 다툼이란 으레 그런 것이다. 보통은 너그러이 보아 넘길 결점이라도 상대는 결코 그냥 보아 넘기지 않는다. 명성이 높던 사람이 적이 퍼뜨린 소문에 꺾여버린 사례는 수없이 많다.

약점과 잘못 그리고 실수를 폭로하면서 시작된 싸움은 처음엔 작은 불꽃처럼 미약해 보이지만 훨훨 타오르기 시작하면 한도 끝도 없다. 일단 구르기 시작한 돌을 멈추게 하는 데 더 큰 힘이 필요한 것과 같은 이치다. 상대는 사람의 감정을 해칠 뿐 아무런 이득도 돌아오지 않음에도 앙갚음을 했다는 데 만족감을 느낀다.

상대방과 다투어 그 사람의 복수심을 일깨운다면 잊혔

던 결점까지 하나하나 노출된다. 하지만 상대방에게 호의를 보인다면 싸우는 일 따위는 일어나지 않을 뿐더러 명성에 금이 갈 일도 없을 것이다.

호감을 주는 사람이 돼라

이런 사람과
사귀어라
Ideal Social Contacts

＼ 　　명예를 아는 사람들과 인연을 맺어라. 그들은 받은 만큼, 아니 그 이상을 돌려주려고 하는 사람들이다. 그런 사람들은 자신이 받은 호의대로 상대를 대한다. 믿음을 심어줄 수 있도록 한결같고 진실하게 대하라. 신뢰는 오랫동안 좋은 관계를 유지해야만 쌓인다. 명예를 아는 사람에게서는 배반당할 걱정을 하지 않아도 좋다. 그들은 자신이 당하지 않기 위해서라도 그런 일을 결코 저지르지 않는다.

악한 사람에게 승리하기보다는 명예를 아는 사람에게 패배하는 편이 차라리 더 낫다. 설혹 분쟁이 일어나더라도 명예를 아는 사람은 원칙을 지켜가며 싸우기 때문이다. 악당들과의 싸움에서는 승리하더라도 이전투구(泥田鬪狗) 끝의 상처뿐인 영광이 남을 뿐이지만, 명예를 아는 사람들과의 싸움에서는 패배하더라도 자신의 명예를 잃지 않는다.

　　　　　　　　명예를 아는 사람과 관계를 맺어라

예의
Etiquette

예의 바르게 행동해서 손해 볼 일은 없다. 예의는 자신의 교양 수준을 나타내는 최선책이며 일종의 마법과도 같이 사람들의 눈길을 끈다.

신사답게 행동하라. 만인의 사랑을 받게 될 것이다. 무례하게 굴어봐야 경멸당하고 남들의 짜증만을 유발할 뿐이다. 예의 바른 행동이 사랑이라는 이름의 햇빛을 받고 자라난 과일나무와 같다면, 무례함은 자만심과 천박함을 양분으로 해 살아자라난 가시나무와 같다.

경쟁자에게도 예의 바르게 대하라. 예의 바른 상대에게는 비겁한 방법을 쓰기가 힘들기 때문이다. 예절은 적은 비용으로도 아주 커다란 수익을 얻어낼 수 있는 방법임을 잊지 마라. 예의 바른 행동은 아무리 많이 퍼주어도 계속 솟아나는 마르지 않는 샘물과 같다.

경쟁자에게도 예의 바르게 대하라

참견하기
좋아하는 사람
Advice For Busybodies

아무데나 끼어들기를 좋아하고 남을 비방하고 싸움을 즐기는 사람들이 있다. 이런 사람들은 특별히 바쁜 일이 없지만 분주해 보이고 항상 뭔가를 꾸미는 것처럼 보인다. 이들에게 말려들어 의미 없는 일에 가담하는 것은 어리석은 짓이다. 이들의 불평을 듣는 것이 불쾌하고 귀찮더라도 가급적 가볍게 생각하는 습관을 들여라. 처음에는 다소 불편하겠지만 나중에 입게 될 피해를 줄이는 가장 좋은 길이다.

상대가 원하지 않는 일에 도움을 주겠다고 끼어들지 말라. 남들의 사소한 일에 마음을 쓰다 보면 정작 중요한 자기 일을 방치하게 된다. 처음에는 자기 일을 조금 미뤄두어도 좋을 것 같지만 막상 결정적인 때가 닥치고 나면 이미 때가 늦었다. 남의 일에 괜히 끼어들어 자기 일을 망쳐놓는 사람은 결코 지혜롭다고 말할 수 없다. 남의 일은 그냥 흘러가는 대로 내버려두는 편이 낫다.

상대가 원하지 않는 일에 끼어들지 마라

남의 허물을 즐기는
사람이라면
Gossip

＼　　　다른 사람의 잘못을 캐내지도 말고, 여기저기 소문 내고 다니지도 마라. 말과 비방으로 상처받은 사람들은 복수할 기회를 호시탐탐 노린다. 남에게 원망을 살 만한 일은 시작하지도 마라. 모략과 술수에 능한 사람은 잘나가는 동안에는 친구가 많은 것 같지만, 일단 내리막길에 들어서면 끝까지 몰리게 마련이다. 대중은 소문에 민감해서 별 볼일 없다고 생각되는 사람에게는 절대 관용을 베풀지 않는다. 남을 중상하며 다니는 것은 불신의 늪에 자기 발을 담그는 것과 같은 일이다. 중상은 돌고 돌아 자신을 맞히는 화살이기 때문이다.

착각하지 마라. 남의 험담을 늘어놓는 당신에게 호의를 보내는 사람들은 당신을 존중하는 것이 아니다. 험담 속에 담긴 악의를 즐기고 있을 뿐이다. 악의는 잠시 즐거움을 안겨 줄지는 몰라도 결코 행복을 만들어내지 못한다.

중상은 돌고 돌아 자신을 맞힌다

사람들은 온화한 사람을
선호한다
People Who Prefer Mild.

　　뛰어난 인물은 남과 관계를 맺는 데 탁월한 능력을 발휘한다. 언제나 공평무사하게 남을 대하고 여유롭고 느긋한 태도로 다른 사람을 자기 편으로 끌어들인다. 지혜로운 사람이 남들과 좋은 관계를 맺을 수 있는 이유는 너그럽게 사람을 대하기 때문이다.

　　지혜로운 사람은 적에게도 온화하다. 상대를 공격하는 대신에 오히려 관대한 태도를 취한다. 적대자의 모욕에 웃음으로 응대하고, 부정을 긍정으로 받아들여 상대방이 감화할 수밖에 없도록 만든다. 그리하여 여유있게 기다리기는 해도 승리는 자연히 품속으로 굴러들어 오게 된다. 상대가 무릎을 꿇고 항복했을 때, 지혜로운 사람은 입을 굳게 다물고 이를 비밀에 부친다. 너그러운 태도는 다른 사람을 진심으로 승복시키는 특효약이다.

지혜로운 사람은 원수에게도 온화하다

예의 2
Etiquette

지혜로운 사람은 모욕감을 줄 수 있는 말을 하지 않는다. 비판할 때도 예의를 갖추어 하기에 그들은 다른 사람들로부터 존경을 받으면 받았지 결코 손가락질을 당하지 않는다. 지혜로운 사람은 대화를 통해 친구를 얻지 적을 만들지 않는다.

다른 사람에 대한 불평을 아무데서나 늘어놓지 말라. 그런다고 잘못된 일이 바로 잡히거나 악당이 착해지지는 않는다. 게다가 불평을 듣는 사람이 "혹시 내게 불만이 있는 것은 아닌가?"라고 쓸데없이 오해하는 경우가 발생할 수 있다. 투덜대기 좋아하다가는 도움이나 위안 대신 남들의 차가운 시선만을 받게 되는 법이다.

불평을 하더라도 예의를 갖추어 조심스럽게 하라. 또한 예의 바른 태도로 불평을 늘어놓기보다는 칭찬을 앞세워라. 칭찬이 불평보다 훨씬 쉽게 남들의 마음을 움직인다는 사실은 불변의 진리다.

비판을 할 때도 예의를 갖춰라

누군가 도움을
청한다면
If Someone Asked For Help To You...

확신이 서지 않는 일에 대해서는 한번 더 생각하는 습관을 가져라. 좀 더 나은 방법은 없는지, 최선의 결정인지, 모든 가능성을 염두에 두고 차분히 생각하라. 일단 결정된 것을 되돌리기는 일을 시작하기 전에 주의를 기울이는 것보다 어렵다.

남에게 도움을 줄 때도 마찬가지다. 적절한 타이밍에 따라 가치가 달라진다. 정말 필요한 선물이라면 아무리 오래 기다려도 그 시간이 전혀 지겹지 않을 뿐 아니라 감사하는 마음이 커진다.

거절할 때도 재고하는 습관이 필요하다. 거절은 조심스러워야 하지만 '안 돼'라는 말을 어떻게 전하느냐에 따라 상대가 받는 상처는 달라진다. 시간이 흐르면 절실히 바라던 일도 조금씩 누그러져 가고 거절 또한 받아들여지기 쉽기 때문이다. 누군가로부터 부탁을 받으면 바로 대답하지 말고 시간을 끄는 것이 좋다.

확신이 들더라도 즉답은 피하라

세상은 당신 혼자가
아니다
You Are Not Alone In The World.

╲ 　　혼자만 고상한 체하지 말고 남과 더불어 살아가는
지혜를 배워라. 장님들만 사는 나라에서는 두 눈 가진 사람
이 비정상 취급을 당하는 법이다. 주위 사람이 어리석다고
한탄하지 말고 자신도 어리숙한 체하며 사는 게 현명한 태도
다. 중요한 것은 시대의 흐름에 맞추어 살아가는 일이다. 그
러므로 때로는 지혜가 있어도 없는 체하는 것이 필요하다.

　　인간은 세상 속에서 사람들과 부대끼며 살아갈 수밖에
없는 존재다. 신에 견줄 만큼 뛰어난 능력이 있어 남을 부
릴 수 있는 사람이거나, 아니면 아주 야만인처럼 자연 속에
숨어 살 수 있는 능력이 있는 사람이 아닌 한, 남들과 부대
끼며 사는 것은 피할 수 없다. 혼자서 고상한 체 하다가 바
보 취급당하지 말고, 자신의 능력을 남들과 기꺼이 나누어
라. 자기가 최고라는 망상에 사로잡혀서는 절대 좋은 평판
을 얻을 수 없고, 성공 또한 요원해진다.

더불어 살아가는 지혜를 익혀라

끌려가지
마라
Don't Be Tagged.

◉

토론하다 보면 결론을 내려는 의도도 없이 반론을 계속 제기하는 사람을 만나게 된다. 이처럼 심술궂은 태도로 논쟁에 임하는 사람을 상대하다 보면 아무리 토론을 거듭해도 제대로 된 결론을 내기 힘들다. 이런사람들과는 가급적 토론을 피하는 것이 좋다. 물론 이런 논쟁에 빠져드는 상황을 완벽하게 피해갈 수는 없다.

어쩔 수 없이 논쟁에 휘말려 들었을 때, 우선 그 논쟁의 핵심을 짚어 해결책을 내는 방향으로 가는지 아니면 악의로 가득 찬 사람 탓에 뒤엉키고 있는지를 분별해 낼 필요가 있다. 뒤엉켜 있는 쟁점 가운데 흉계가 숨어 있을 수도 있으므로 자신을 방어하기 위해 주의를 기울여야 한다. 단지 남의 마음속에 감춰진 생각을 파내려고 논쟁에 뛰어드는 사람도 있다. 그들이 논쟁을 즐기는 목적은 상대를 흥분하게 하여 약점을 드러내게 하고, 그 약점을 찔러 꼼짝 못 하게 하는 데 있다. 논쟁에 불가피하게 빠져들었다면 자신의 의도를 교묘하게 감추어라. 상대가 원하는 대로 토론이 흘러가지 않게 숙고하는 지혜가 필요하다.

상대방이 이끄는 대로 토론하지 마라

협상의 기술
Negotiation Skills

교섭을 할 때 가장 중요한 목표는 궁극적으로 원하는 것을 얻어낼 수 있는지의 여부다. 교섭 테이블에서 원하는 것을 얻어내기 위한 가장 강력한 전략은 양보다. "그건 곤란합니다."라는 말과 "그렇게 하겠습니다. 단 이렇게 해 주십시오."라는 말 중에서 어떤 것이 상대의 귀에 더 흡족하게 들리겠는가?

협상할 때는 상대방의 카드가 어떤 것인지를 알아내는 것이 급선무다. 상대방이 쥐고 있는 카드를 알면 상대의 페이스를 쉽게 자신 쪽으로 끌어들일 수 있다. 시간을 끌어 상대를 지치게 만들거나 재미있는 조크를 던져 자신의 이야기를 털어놓게 하라. 그러면 상대의 패를 읽을 수 있다. 상대방이 좋은 카드를 들고 있을 때에는 조금씩 잃어주고 상대방이 나쁜 카드일 때 전부 따먹으면 마지막에 웃는 자가 될 것이다. 작은 것을 양보하고 큰 것을 얻어내는 것이 성공적 교섭의 열쇠임을 잊지 마라.

작은 것을 양보하고 큰 것을 취하라

조언을
즐겨 들어라
Enjoy The Advice

다른 사람들의 의견을 무조건 무시해도 좋을 만큼 완벽한 사람은 세상에 없다. 조언에 귀를 기울일 줄 모르는 사람은 구제불능의 바보다. 스스로 해결해야 하는 어려운 문제라고 해서 남들의 견해를 들어보지 말란 법은 없다. 자기 생각이 아무리 분명하고 확실한 것 같아도 다른 시각에서 바라보고 다른 가능성을 들어보면 예상치 않은 실패를 피할 수 있다.

가벼운 충고라도 들려줄 수 있고 자질구레한 결점이라도 지적해 줄 친구를 곁에 두고 조언을 진솔하게 받아들여라. 그러면 친구들과 신뢰관계를 쌓을 수 있을 것이다. 도움이 전혀 필요없는 사람은 아무도 없다. 항상 의지가 되는 사람들을 마음의 거울로 삼아 자신을 비추어보고 잘못을 바로잡아라.

하찮은 조언에도 귀를 기울여라

친구를 사귀는
기술
Technology To Make Friends

＼   친구를 사귀는 데도 기술과 배려가 필요하다. 곁에 있어 도움이 되는 친구가 있는가 하면, 멀리 떨어져 편지를 주고받음으로써 마음이 통하는 친구가 있다. 말이 잘 통해 함께 무엇인가를 함으로써 즐거움을 나눌 수 있는 친구가 있는가 하면, 오래도록 떨어져 있어도 믿음으로 다가오는 친구도 있다. 이렇듯 우정의 방식은 모두가 똑같지 않다.

친구가 인생에서 몇 안 되는 소중한 후원자임을 부정하는 사람은 없다. 그러나 좋은 우정을 유지하는 방법을 아는 사람은 많지 않다. 우정을 유지하는 데 가장 중요한 것은 상대의 장점을 끌어낼 수 있느냐 하는 것이다. 친구의 장점을 북돋아 키워주면 그 보답으로 친구 또한 당신을 성장시키는 데 큰 역할을 담당하게 된다. 그리고 진실하고 선한 마음을 바탕으로 성립하는 협력관계는 시간이 오래 흘러도 쉽게 변하지 않는다.

우정은 살아가는 힘이 되어 준다. 친구가 없는 삶은 버려진 황무지와 같이 척박한 인생이 되게 마련이다. 부족해 보이더라도 한결같은 지지를 보내줄 수 있는 사람을 친구로 삼아라. 술과 마찬가지로 우정도 오래 묵을수록 훌륭한 향기를 머금는다.

포도주와 친구는 오래될수록 좋다

믿음
Belief

상인들은 자신들이 속을 수도, 속일 수도 있다는 점을 잘 안다. 눈앞에서 적지 않은 이익이 오가는 관계에서 항상 초연한 태도를 유지하기란 쉬운 일이 아니기 때문이다. 약간의 매력과 예의만으로 사람들을 포섭하고 자유자재로 주무르는 것이 상업 분야의 특징 아닌가.

보통 사람들이 맺는 관계는 다르다. 상인들 간의 거래처럼 눈에 보이는 이익이 오가는 관계도 아닌데다 꾸준한 노력이 필요하기 때문이다. 일반인 사이의 관계에서는 변함없는 믿음을 심어줄 수 있느냐의 여부가 매우 중요하다. 돈을 잃으면 다른 곳에서 끌어다 보충하면 되지만, 신뢰는 한 번 잃어버리면 다시 얻기가 힘들다. 그래서 남과 맺는 관계에서는 돈 때문에 속는 것이 인간적으로 배신당하는 것보다 차라리 낫다.

잃어버린 신뢰는 되돌리기가 힘들다

평소 주변 사람에게
잘해라
Be Generous To People Around You.

평소 바르고 성실하게 살아가는 모습을 보여주어 지도자에게 긍정적 인상을 심어둬라. 주변 사람들에게 인심을 얻어두면 난감한 상황에 부닥쳤을 때 도움을 청하기가 좋다. 그러나 중요하지 않은 문제를 놓고 남들을 귀찮게 해서는 안 된다. 호의는 도토리를 잔뜩 쌓아둔 다람쥐의 보금자리와 같다. 배가 고프다고 미리 도토리를 야금야금 꺼내 먹은 다람쥐는 막상 혹한이 찾아오면 더 이상 먹을 것이 없어 굶어 죽는다. 마찬가지로 스스로 해결할 수 있는 일까지 도움을 받으려고 칭얼대는 사람은 정작 혼자 힘으로 이겨내기 어려운 역경이 닥쳤을 때 남들의 외면 속에서 쓸쓸히 무대를 떠날 수밖에 없다. 남들의 호의는 중요한 문제를 해결하는 데 써라. 물건은 없으면 구입하면 되지만, 남의 호의는 아무데서나 구할 수 없다는 점을 잊지 마라.

남들의 호의는 중대한 문제를 해결하는 데에만 써라

논쟁에서
이기는 법
How To Win Debates

　자기 주장을 내세우지 않고 남의 주장에 들어있는 허점을 공격하는 것은 논쟁에서 이기는 가장 좋은 방법이다. 상대가 자기 의견을 방어하는 데에 급급해 지치고 짜증이 나고 급기야 흥분까지 하게 되면 그 논쟁은 이미 승리한 것이다. 흥분한 상대가 마음속에 있는 비밀마저 뱉어내기 시작하면 금상첨화다. 상대를 마음대로 주무를 수 있는 비결은 마음을 초조하게 만들고 쥐락펴락하며 자신의 페이스로 끌어당기는 데 있다.

　대중 앞에서 공공연히 약점을 잡고 따지는 것도 사람을 다루는 좋은 방법이다. 남들의 시선을 한몸에 받게 되면 사람은 차분한 태도와 자제심을 잃고 본심을 드러낸다. 이때 잊지 말아야 할 점은 상대방이 악감정을 갖고 덤벼들 정도로 몰아붙여서는 안 된다는 점이다.

　다른 사람의 의견에서 허점을 찾아내려면 얼버무리는 말이나 제대로 언급되지 않은 사실을 지적하는 것이 좋다.

목소리에 자신감이 넘치는 것은 그만큼 이해의 폭이 넓으며, 어떤 문제라도 대답할 준비가 되어 있음을 알리는 전조(前兆) 현상이다. 신중한 사람은 약점이 드러날 기회를 노리며 조심스럽게 방어한다. 탐색하며 기회를 기다리는 것도 논쟁에서 승리하는 방법이 될 수 있다.

어떤 대가를 치르더라도 꼭 알아내고 싶은 일이 있을 때는 짐짓 궁금함을 가장해 질문을 던져보라. 우수한 학생들은 교사의 강의에 대해 과감하게 질문을 던지고, 교사는 학생의 질문에 호응하여 최선을 다해 설명하려고 노력하지 않는가. 신중한 질문을 던지면 상대는 자신이 함정에 빠져든다는 것을 모르고 온 힘을 다해 설득하려고 애쓴다.

상대를 흥분시켜 약점을 공략하라

위험한
관계
Dangerous Relationship

＼ 　　잃을 게 없는 사람과는 다투지 마라. 지푸라기라
도 붙잡고 싶을 만큼 절박한 상태에 있는 상대는 무슨 일을
저지를지 모른다. 그런 사람에게는 수치심은 물론이거니와
값싼 자존심조차도 남아 있지 않다. 그런 사람에게 말려드
는 것은 힘들게 쌓아온 명성을 한순간에 날려버리는 일이
다. 일단 사회적인 물의를 일으키고 나면 다시는 호인(好
人)으로 인정받기 힘들다. 좋은 평판을 얻는 데는 시간이
오래 걸리지만 잃는 데는 하루도 걸리지 않는 법이다.

지혜로운 사람은 분별 있게 처신함으로써 명예에 손상
을 입는 일을 피한다. 서두르지 말고 여유 있게 일을 처리
하고 사람들의 마음을 헤아리며 사태 추이를 관찰하라. 그
러면 물러설 때와 나아갈 때를 자연스럽게 깨닫게 될 것이
고 발목 잡힐 만한 일을 하지 않게 될 것이다. 이득이 되지
않는 일에 헛되이 시간을 보내지 마라.

　　　　　　　　　　잃을 게 없는 사람과 다투지 마라

상처받기
쉬운 사람
Vulnerable People

＼　　　그럴듯한 겉모습에 속지 마라. 진실은 언제나 한 걸음 뒤처져 나타난다. 지혜로운 사람이 평범한 사람들과 다른 점은 사물을 꿰뚫어볼줄 아는 통찰력을 가졌다는 것이다. 사물은 통상 뒷면과 앞면이 다르다. 드러나는 모습에만 정신이 쏠려, 눈에 보이지 않는 내막을 꿰뚫어 보지 못하면 나중에 곤란을 겪게 된다.

어리석은 사람은 겉으로는 그럴듯해 보이지만 쉽게 깨어지는 유리와 같다. 이런 사람은 심성이 눈동자처럼 자극에 약하기 때문에, 사소한 일에도 상처를 쉽게 받아 어떤 관계도 제대로 유지하지 못한다. 그런 사람들과 친분을 쌓을 때는 아주 조심스러울 필요가 있다. 언제나 그들의 유약함을 고려하고 표정도 살펴라. 작은 불쾌함도 그들의 기분을 상하게 할 수 있다. 그들의 변덕스러운 기분이 인간관계에 영향을 미치지 않도록 주의하라.

위선은 진실보다 앞서서 나타난다

적당한 거리 관계를
유지하라
Keep A Reasonable Distance Relationship.

소탈하고 격의 없이 사람을 대하는 것은 자신의 넉넉함을 과시하는 일이며 흉금을 털어놓고 사람을 대하는 것은 진실함을 드러내 보이는 좋은 방법이다. 그러나 남들과 적당한 거리를 유지하지 못하면 그 모든 장점을 잃게 된다. 별이 아름다운 까닭은 손에 넣을 수 없는 존재이기 때문이라는 점을 잊지 마라. 존경과 위엄은 허물없이 지내는 사이에서는 결코 자라나지 못한다. 대등한 관계에 있거나 서로를 얕잡아 보는 마음을 지닌 사람들이 가지는 감정은 친숙함뿐이다.

생각해보라. 공공연한 자리에서 자신을 드러내면 감추고 싶은 결점까지 노출되는 것이 세상의 이치 아닌가. 누구와도 지나치게 가까워지지 마라. 뛰어난 사람에게는 한 수 접어주고 평범한 사람에게는 탁월함을 보여줌으로써 단단한 보호막을 둘러라.

어리석은 사람을 대할 때에는 특히 주의해야 한다. 어

리석은 사람은 지혜로운 사람의 호의를 제멋대로 해석한다. 그리하여 자신이 대접을 받아야 마땅한 사람인양 거만을 떤다. 그들과 어울려봤자 자신의 가치를 추락시킬 뿐, 얻을 것이 전혀 없는 헛된 수고를 하게 된다.

별이 아름다운 건 손에 넣을 수 없기 때문이다

입이 가벼운
사람인가?
Is Blabber?

입이 가벼운 사람은 겉봉이 뜯어져 버린 편지와 같다. 맘만 먹으면 누구든 들키지 않고 비밀을 캐낼 수 있는 한심한 사람이라는 뜻이다. 그에 비해 생각이 깊은 사람은 바닥이 깊은 우물과 같아 돌을 떨어뜨려도 물이 첨벙거리는 소리가 들리지 않는다.

말수가 적다는 것은 지혜로움의 표지이며, 침묵은 자신의 마음을 조절할 수 있는 사람이 지니는 특별한 재능이다. 마음 한구석에 모든 비밀을 깊이 묻어두는 사람은 진짜 승리자가 될 것이다. 교활하고 사악한 사람은 남의 비밀을 자신을 위해 사용한다. 그들은 상대방이 비밀을 알아내려고 화려한 수사로 칭찬하기도 하고 비난하거나 빈정거리는 것도 서슴지 않는다. 그럴 때, 먹잇감이 될 만한 재료를 준비해 던져줌으로써 가장 중요한 비밀을 숨기는 것이 지혜로운 사람이 하는 처신이다. 사소한 것은 조심스럽게 내주되 가장 중요한 것은 절대 말하지 마라.

마음 한켠에 깊은 구덩이를 파놓고 모든 비밀을 묻어둬라

진실도
묻어둘 때가

Sometimes The Truth Is Should Be Buried.

거짓말로 사람을 속이려 들지 마라. 처음 몇 번은 먹혀들어가 긍정적 결과를 얻었다고 해도 그것은 자신이 받은 신뢰를 담보로 얻은 결과라는 점을 간과해서는 안 된다. 대중은 속아 넘어간 사람을 한심한 사람이라고 힐난한다. 반면 속인 자에게는 믿을 수 없는 사람이라는 낙인을 찍는다. 신의가 없는 데다 명예까지 모두 잃어버린 사람과 함께 일하려는 어리석은 자는 세상에 아무도 없다.

그러나 진실을 전부 털어놓는 것이 결코 지혜로운 행동이 될 수는 없다. 진실을 말하는 것은 무척이나 힘든 일이다. 진실은 몸에는 좋지만 먹기 꺼려지는 쓰디쓴 약과 같기 때문이다. 달콤한 말로 치장하지 않으면 진실은 상대의 심장으로 곧장 날아가 굳게 박혀버린다. 진실을 말할 때는 아주 조심스러워야 하며 어떤 경우에라도 사실대로 다 털어놓아서는 안 된다. 그것이 자신과 상대방을 동시에 배려하는 지혜다.

진실일지라도 전부 털어놓지 마라

남들은 모두
나보다 낫지 않다
All The Others Are Not Better Than Me.

자신감이 넘치는 사람은 눈에서 빛이 난다. 이글이글 타오르는 갈망을 담은 눈동자에서 두려움을 찾기란 쉽지 않다. 자신감의 광채는 주변 사람을 주눅 들게 하고 자신을 군계일학처럼 돋보이게 한다. 평범한 사람들이 자신감을 갖지 못하는 이유는 남들을 지나치게 높게 평가하기 때문이다. 누구나 결점을 갖게 마련인데도 평범한 사람들은 자신이 가진 결점에 묻혀 남들의 흠을 똑바로 바라보지 못한다. 개인적인 친분이 생길 때까지는 너무 크게 보이는 사람이 많다. 그러나 친분을 쌓고 조금씩 서로에 대해 알게 될수록 세상의 평가가 지나치게 후했음을 깨닫게 된다.

그러므로 누구도 인간이라는 존재의 한계를 넘을 수 없다는 점을 명심하라. 윗자리에서 명령을 내리는 사람이라고 해서 반드시 직위에 어울리는 것은 아니며, 남들로부터 존경을 받는다고 해서 인격적으로 훌륭한 것도 아니다.

다른 사람을 과대평가하지 말고 능력과 인격을 제멋대

로 상상하지 마라. 대담한 행동도 사람의 속성을 이해하는 데 도움이 된다. 두려운 마음이 일어 자꾸 움츠러든다면 평판이 쟁쟁한 사람과 직접 만나 친분을 쌓아보라. 고결한 듯 보이지만 속으로는 곯아 있는 사람이 태반일 것이다.

타인을 과대평가하지 마라

칭찬하는 법
How To Praise

◉

＼　　　상대방의 장점을 찾아내어 칭찬해 줘라. 그렇게
하면 취미가 고상하고 품위가 있다는 세평을 얻게 된다. 사
람은 누구나 인정받고 싶어 하는 마음을 갖고 있어서 자신
에게 후한 사람을 결코 나쁘게 보지 않는다. 칭찬에는 또
다른 장점이 있다. 누군가에게서 한 가지 장점을 발견하면
다른 사람에게서도 같은 장점을 발견하기가 쉬워진다. 이
렇게 하면 사람을 보는 안목과 식견이 높아져 상대의 긍정
적 면모를 놓치지 않게 된다.

　　칭찬은 공개적으로 모두가 보는 앞에서 하는 게 좋다.
사람들이 모인 자리에서 칭찬하면 칭찬받은 사람의 자부심
은 올라가며 칭찬을 더 받기 위해 노력하게 된다. 또한 그
자리에 있는 다른 사람에게는 '저 사람이 한 일을 나라고
못할 게 있어'라는 경쟁심을 유발하기도 한다. 칭찬은 높은
지위에 있는 사람이 아랫사람에게 동기를 부여하는 지혜로
운 방법이다.

　　　칭찬은 윗사람이 아랫사람을 움직이게 하는 기술이다

아첨에
약한 사람에게
To Those Who Easily Flattered...

　　붙임성이 좋아 어느 자리에서나 쉽게 어울리는 사람들이 있다. 이런 사람들은 마법처럼 사람들을 끌어당기는 재주가 있다. 그들을 대할 때는 조심스러워질 필요가 있다. 어떤 의도로 접근하는지를 먼저 간파해야만 그들의 속임수에 넘어가지 않는다. 정말 예의가 바르고 건전한 생각을 하는 사람도 있지만, 달콤한 말과 좋은 낯빛을 잃지 않는 사람들은 대체로 사악한 생각으로 접근하는 경우가 많기 때문이다.

　　높은 지위에 있는 사람일수록 허영심에 사로잡혀 교활한 사람들의 아첨에 넘어가기 쉽다. 자신의 지위와 명성에 아첨하는 사람과 자신의 본질에 경의를 표현하는 사람을 명확하게 분별할 줄 아는 사람만이 이러한 함정에 빠지지 않는다. 자신의 분별력이 부족하다고 생각한다면, 일단 상대와 거리를 두고 서로의 관계를 되짚어 보는 것도 좋다.

　　　　　허영심에 사로잡혀 아첨에 넘어가지 마라

주변에
어리석은 사람이 있다면
When You're Surrounded By Idiots...

어리석은 사람과 어울리면 자다가도 뺨을 맞는다. 어리석은 사람을 친구로 두는 사람은 마찬가지로 어리석은 사람일 뿐이다. 어리석은 줄 알면서 물리칠 줄 모르는 것은 무모함이다.

어리석은 사람을 믿다가는 물질적 손해는 물론 정신적 피해까지 볼 수 있다. 처음 관계를 맺을 때 어리석은 사람을 분간하기 힘든 까닭은 그들도 자신의 상태를 알고 있으므로 되도록 숨기려 들기 때문이다. 남들과 사귈 때 조심해야 하는 이유가 바로 여기에 있다. 조금 시간이 지나 멍청한 사람들이 어리석음을 공공연히 드러내며 바보짓을 할때 긴장의 끈을 풀고 있는 사람은 봉변을 당하게 된다.

세상의 평판에 귀를 기울여라. 아무리 맘에 드는 친구라고 해도 평판이 좋지 않다면 깊이 사귀기 전에 다시 한번 숙고해야 한다. 어리석은 사람에게 불운이 따르는 것은 숙명과도 같다. 어리석음과 불운, 이 이중의 불행은 들러붙어

떨어지지 않는 속성이 있다. 그러므로 어리석은 인간과 교제하는 사람은 스스로 불운을 불러들이는 셈이다. 어리석은 사람에게 쓸 만한 점이 있다면 반면교사(反面敎師)로 삼을 수 있다는 것뿐이다.

세상의 평판을 감안해 사람을 사귀어라

배려심이
좋다는 사람
How To Become A Considerate Person

＼　　사람은 본래 이기적인 존재다. 이익이 나지 않는 일에 뛰어들어 자신을 희생하는 사람을 찾기란 좀처럼 쉽지 않다. 세상에는 하나도 안 남는다며 물건을 파는 장사치가 너무도 많고 윗사람을 위해서라면 자신의 쓸개라도 내줄 듯한 부하들이 넘친다. 자신의 이익보다 남을 먼저 배려한다는 사람이 있다면 일단 의심하라. 그들의 장단에 맞춰 춤을 추다가는 먼저 지쳐 떨어지게 된다.

자신보다 남을 배려한다는 사람은 일단 의심부터 해라

험담하기 좋아하는
사람에게
For Those Who like To Speak Ill Of Someone Else...

＼ 　　　 항상 남의 잘못이나 결점 따위를 들추어내어 힐뜯는 사람들이 있다. 그 자리에 있지 않은 사람을 두고 험담함으로써 같은 자리에 있는 사람들의 환심을 사려고 한다. 이런 사람들은 잠시 동안은 남들의 호감을 얻어낼 수 있을지 모르지만 그런 종류의 호감은 그리 오래가지 못한다. 남을 험담하기를 즐기는 사람은 다른 곳에서도 그와 똑같은 험담을 할 것이기 때문이다. 그런데 그 험담의 표적이 지금 그 자리에 같이 있는 사람이 아닐 것이라는 보장도 없다. 결국 그런 사람도 상대할 만한 사람이 아니라는 평가를 얻게 되는 것이다. 사려 깊은 사람은 아무리 입에 침이 마르도록 칭찬을 해도, 어떤 인사치레 말을 하더라도 거기에 속아 넘어가는 일이 없이 상대방의 속셈을 알아차린다.

험담을 하는 사람은 다른 곳에서도 당신에 대해 험담한다

희망이 되는
사람
Hope That Person

　　　'더 이상 바랄 것이 없다.'라는 말은 한편으로는 뛰어난 성취와 깊은 만족감을 드러내는 표현이지만, 다른 관점에서는 더 이상 발전의 여지나 희망이 없다는 표현이기도 하다.

　　우리 몸은 항상 숨을 쉬어야만 살아갈 수 있듯, 정신 또한 무엇인가를 추구해야만 살아갈 힘이 생긴다. 모든 것을 가지고 있다면 무엇을 보더라도 시들하고 어떤 일을 하더라도 성에 차지 않을 수밖에 없다.

　　사람은 내일에 대한 희망을 가지고 사는 존재다. 모든 희망을 잃었을 때, 선택할 수 있는 유일한 길은 죽음뿐일 것이다. 인간관계에서도 마찬가지다. 더 이상 기대를 받지 못한다면 남들의 관심을 어떻게 이끌어낼 수 있겠는가. 어떤 경우에도 상대를 완전히 만족시키는 것은 금물이다. 상대가 내게 더 바라는 것을 가지고 있어야만 상대를 자신의 의도대로 조종할 수 있다.

상대에게 기대를 갖게 하라

속물은
피하라
Avoid Snob Is.

　　우리는 모두 세상 사람들에 둘러싸여 살아가고 있다. 그중에는 현명한 사람도 속물도 모두 함께 어울려 생활한다. 그러나 속물들은 분별력 없는 말을 자주 하고 매사에 잘난 체까지 하는 데다 대부분 옹졸하다. 이런 부류의 사람들과는 일절 관계를 맺지 않는 것이 상책이다. 이런 사람들에 둘러싸여 흔들리다 보면 당신의 평판에 금이 가게 된다. 그러므로 이러한 속물과 어울릴 바에는 차라리 관계를 절대로 맺지 않도록 하라. 이러한 속물들의 해악은 그 한 사람으로 충분하기 때문이다. 그가 무슨 말을 하든 듣지도, 보지도 말며, 무슨 생각을 하는지 염두에 두지도 마라.

속물과는 일절 관계를 맺지 마라

음흉한
사람
Jesuit

치밀한 사람은 상대방의 정신을 다른 데로 돌려놓고 그 틈을 타 공격해 들어간다. 적이 불의의 습격을 받아 허둥거리고 있을 때 일거에 소탕해 버리는 것이다. 그런 사람은 자신이 바라는 것을 손안에 넣으려고 본심을 애써 감춘다. 높은 자리에 앉으려는 속내를 숨기고 낮은 직위도 달갑게 받아들인다. 숨겨진 의도를 알아채지 못하면 그 음모는 보기 좋게 성공을 거둔다.

상대가 남모르게 음모를 꾸미고 있는 이상, 이쪽에서도 경계를 게을리해서는 안 된다. 지혜로운 사람은 자신의 의도를 드러내지 않는 사람에게 주의를 기울인다. 아주 조심스럽게 음모를 파악하려고 노력하는 것이다. 목적이 있으면 기척이 드러나게 마련 아닌가.

교활한 사람은 자신의 말 속에 의도를 깊이 감추는 재주를 가지고 있다. 말로는 상대를 안심시키지만 행동은 다르게 한다. 때로 교활한 인간은 남의 눈을 속이려 하다가 자신의 음모에 빠져 자멸하는 경우도 있다. 하지만, 지혜로운 사람은 어떤 때라도 방비를 단단히 함으로써 언제 닥칠지 모르는 기습에 대비한다.

지혜로운 사람은 상대가 양보해 올 때에도 조심한다. 상대방의 음모를 꿰뚫어 보거나 훤히 다 알고 있다는 태도를 보이는 것도 적의 시도를 미리 방지할 수 있는 좋은 수단이 될 수 있다.

속내를 드러내지 않는 사람을 경계하라

허물없는 친구에게도
가릴 게 있다
Be Courteous To Those Who Are Close To You.

친구와 교분을 나눌 때에는 언젠가 크게 싸우고 가장 상대하기 힘든 적이 될 수도 있다는 점도 기억해둬라. 피를 나눈 형제끼리도 이권을 위해 서로 소송을 벌이는 세상에서, 우정이 깨져 서로 적이 되는 일 역시 비일비재하다. 그러므로 우정이 변치 않을 거라고 굳게 믿고 약점을 몽땅 털어놓지 마라. 약점을 공유하면 결속을 강화하기도 하지만 밀월 관계가 끝나면 화를 불러올 수도 있다.

친구가 냉혹한 적이 되었을 때는 단호히 응징할 필요가 있다. 그러나 마음 한구석에 용서를 베풀 수 있는 도량도 품고 있어야 한다. 용서와 관용은 화해의 지름길이므로 한때 소중했던 사람에 대한 복수는 후련함과 만족만을 안겨주지 않는다. 오히려 심한 자책에 시달릴 수도 있다. 남의 눈에서 눈물을 흘리게 하는 사람은 언젠가 자기 눈에서 피눈물을 흘리게 되는 것이 세상 돌아가는 방식임을 잊지 마라.

아무리 친한 친구에게라도 약점을 털어놓지 마라

화를 잘 내는
사람
Quick-Tempered Person

걸핏하면 화를 내는 사람은 뜻밖의 위험한 일을 당하게 되어 있다. 스스로 한 말과 행동 탓에 위신이 땅에 떨어져 남들에게 무시당하게 되고, 나아가 피해까지 끼친다. 화난 상태로 남을 헐뜯고 욕함으로써 상대방의 체면마저 구기게 하는 것이다. 이런 사람은 세상 도처에 깔려있지만 그런 자들과 긍정적 관계를 유지하기란 여간 어려운 일이 아니다. 그들은 자신들이 보고 들은 일이 모두 맞는다고 주장하면서 상대를 귀찮게 하기도 한다. 그러면서 무슨 일이든 부정적 측면으로 생각하고 무엇이든 이유를 붙여 반대를 위한 반대만 한다. 그뿐만 아니라 자신은 할 줄 아는 일이 거의 없으면서도 남에 대한 험담은 끝이 없다.

그러므로 무턱대고 짜증부터 내는 사람 곁에는 절대로 머물지 마라. 그런 사람들은 스스로 위험을 향해 가기도 하지만 남을 위험 속으로 끌어들이는 데도 일가견이 있다.

짜증부터 내는 사람과는 가까이 하지 마라

부탁하는 것도
기술이다
The Art Of Persuasion

＼　　남에게 부탁하는 요령을 터득하라. 세상에 어떤 사람에게는 쉽고 어떤 사람에게는 어려운 일이란 없다. 그저 부탁을 잘 받아 주는 사람과 거절을 잘하는 사람만이 있을 뿐이다. 부탁을 받았을 때 잘 들어 주는 사람에게서는 별다른 수고 없이도 승낙을 얻어낼 수 있다. 하지만 '아니'라는 말을 입에 달고 사는 사람에게서는 큰 노력을 기울여야만 승낙을 받을 수 있다. 아무리 사소한 일이라도 그런 사람에게 부탁할 때 사용되는 지혜의 기술이 있다.

　무엇보다도 중요한 요령은 적절한 기회를 포착해야 한다는 점이다. 그러므로 상대가 기쁨에 넘치고 심신이 가벼운 상태에 있을 때를 노려라. 상대가 바짝 긴장하고 있어, 청탁하는 사람의 속내가 간파당할 수 있는 경우라면 그런 때는 가능한 한 그 자리를 피하는 것이 좋다. 상대가 경사스런 일을 맞이 했을 때 그 순간을 노려 부탁하는 것도 한 방법이다. 그런 날에는 흥겨운 마음이 되어 부지불식간(不

知不識間)에 긍정적인 대답을 하기가 쉽다. 남에게 미리 선심을 써두었다가 그것을 빌미로 부탁하는 것도 하나의 요령이다. 상대가 우울한 상태에 빠져 있는 때는 가급적 피하라. 아무리 애를 써도 부탁을 들어주지 않을 것이 뻔하기 때문이다.

부탁할 때는 적절한 타이밍이 중요하다

인맥을
지속적으로 관리하라

**Ongoing Management
Of Your Network Of Contacts.**

대중은 자신의 기준에 따라 싫고 좋음을 표시하지 않는다. 그들은 세간의 평가에 신경 쓰면서 유행에 따라 사람을 지지하거나 비난할 뿐이다. 그리고 대중의 관심을 끄는 사람은 좋은 의미에서든 나쁜 의미에서든 현재 이슈가 되는 일이나 유행의 중심에 서 있는 사람이다. 주인공이든 악역이든 멋진 연기를 보여준 배우가 관객들의 호응을 얻어내는 것과 같은 이치다.

물론 대중적 인기를 얻는 제일 좋은 방법은 존경받는 사람이 되는 것이다. 실적으로 인정을 받아도 좋고, 선행을 통해 소문이 나도 좋다. 대중은 섬겨야 할 대상을 끊임없이 찾아 움직이는 존재다. 대중으로부터 얻은 명성은 언제 사라질지 모르는 거품과도 같다. 그러므로 계속 그들을 만나고 잊힌 존재가 되지 않도록 노력해야 한다. 그러면서 그들과 자주 어울리고 즐겁게 해주면 적은 수고로도 긍정적 평판을 얻을 수 있다.

쉽게 얻은 명성은 거품과도 같다

농담,
봐가면서 하라
Be Careful What You're Joking About.

＼　　　상대가 자신을 두고 농담을 하면 호탕하게 웃어넘기는 것은 세상에서 널리 통용되는 규범이자 매너이다. 그러나 남을 비웃고 조롱하며 폄하하는 행위는 전혀 차원이 다른 이야기다. 사람은 누구나 똑같은 도량을 갖고 있지 않기 때문이다. 그러므로 연회장에서 계속 불쾌한 표정을 짓고 있는 사람에게 쓸데없는 농담으로 문제를 키우지 마라. 그런 사람은 십중팔구 농담이란 선의를 악의로 받아들인다.

　　지혜로운 사람은 농담을 해도 좋을 때와 하지 말아야 할 때를 세심하게 판단한다. 농담 의도가 상대에게 잘못 전해졌을 때, 농담은 실언이 되어 그 후과가 적지 않기 때문이다. 그러니 농담을 하기 전에 상대방이 받아들일 수 있을지 여부를 먼저 생각하라.

　　　　농담하기 전에 상대가 받아들일 수 있는지를 생각하라

일 벌이기 좋아하는
당신
To Those With Overly Venturous Spirt

일을 벌려놓는 것은 즐기지만 끝을 보지 못하고 중도에 포기하는 사람이 있다. 이런 사람은 성격이 변덕스러운 경우가 많고 무슨 일을 해도 오래 지속하지 못한다는 특징이 있다. 재능도 있고 인품도 훌륭한데 별다른 명성을 얻지 못하는 것은 거의 이런 이유 탓이다.

도전할 만한 가치가 있는 일이라면 끝까지 해볼 만하다. 그러나 가치 없는 일에 손을 대는 것은 그만큼 자신의 미래를 망치게 하는 일이다. 지혜로운 사람은 사냥감을 추적해 정확하게 맞혀 손에 넣은 다음에야 사냥했다고 말한다.

가치 없는 일에 개입하지 마라

말조심
Watch Your Mouth

　　상대와 관계를 맺고자 할때 명심해야 할 게 있다. 하지 말아야 할 말을 해서 생기는 손해와 입을 굳게 다물어서 얻는 이득이 서로 균형을 이루도록 해야 한다는 것이다. 서로에게 명예가 걸린 공동의 이익을 위한 일을 추진하기 위해 어쩔 수 없이 한 배를 탈 경우, 자신의 명성과 평판만을 앞세운 나머지 상대의 명성을 해치는 일을 저질러서는 안 된다.

　　그리고 비밀은 되도록 남에게 털어놓지 않는 게 좋다. 어쩔 수 없이 털어놓을 수밖에 없는 상황이라면 비밀이 유지될 수 있도록 상대방에게 주지시키고 재주껏 입을 다물게 하라. 만일 상대가 비밀을 공개했을 때 불이익을 감수하도록 안전장치를 마련하는 것도 지혜로운 사람이 취해야 할 덕목이다. 그렇게 하면 상대는 자신에게 위험을 불러들이지 않게 노력할 것이고, 혹시라도 비밀이 누설되어 뒤통수를 맞는 일 따위는 피할 수 있을 것이다.

불필요한 말로 생길 손해를 생각하라

사려분별
Prudence

'사려분별'이라는 거울에 자신을 비추어 혹시 자신이 어리석은 사람들과 관계를 맺고 있지는 않은지 점검해보라. 그리고 그들의 공격을 피할 수 있도록 방어막을 구축하라. 사려분별로 무장한 사람은 공격이 아무리 거세더라도 자신의 몸 하나는 지킬 수 있다.

인간관계라는 넓은 바다에는 수많은 암초가 물결 밑에 감춰져 있다. 명성이라는 이름의 화려한 배가 암초에 걸리지 않고 안전하게 항해하기 위해서는 오디세우스(트로이 전쟁을 승리로 이끈 그리스 신화의 영웅)가 했듯이 끊임없이 진로를 바꿔 나갈 필요가 있다. 남들의 예봉을 피할 요령을 미리 익혀둬라. 상대방에 대해 너그럽고 예의 바르게 행동하는 것도 지혜로운 방법이다. 여러 사람으로부터 호감을 사두면 어려울 때 방패가 되어주는 사람이 있게 마련이다.

어리석은 사람들과 관계를 맺지 않도록 한다

남의 장점을
찾아라
Find The Benefits Of Others

사람들에게서 장점을 찾아라. 장점을 찾으려고 한다면 누구에게서든 긍정적 면모를 찾지 못할 이유가 없다. 불평불만으로 가득 찬 사람은 정적의 수천 가지 장점보다는 한 가지 결점을 콕 집어내어 비판한다. 남의 잘못을 집어내 그것을 음미하면서 우월감을 맛보는 행위는 차마 리더가 할 일이 아니다. 그러므로 이렇게 삐뚤어진 성격의 리더는 가급적 피하고 어울리지 마라. 이들은 언젠가 큰 함정에 빠져 허우적거리다가 남들까지 자멸하게 한다. 수천 가지 악에 둘러싸여 있어도 단 하나의 선을 찾아내는 사람이 되어라. 아무리 어리석은 사람이라도 장점 한두 가지를 가지고 있다.

누구나 장점 한두 가지를 가지고 있다

매너가 없는
당신
If You Do Not Have Manners...

예의 바르게 대하면 상대방은 깊은 감사의 마음을 갖게 되고 주위 사람들에게 좋은 인상을 준다. 반대로 옳은 행동일지라도 예의를 갖추지 않으면 옳았던 부분까지 도매금으로 싸잡아 비난을 받게 된다. 인간관계에서 형식은 실제로 담고 있는 의미 못지않게 중요하다는 말이다.

사람은 마음이 내키지 않아도 해야만 하는 예절이 있고, 기분이 나빠도 에둘러 표현해야 할 말이 있다. 정중함은 한쪽에서 다른 쪽으로 흘러가 사라져 버리는 것이 아니라 서로 주고받는 것이다. 항상 깍듯한 태도를 보이는 사람에게는 누구도 함부로 대하지 못하는 법이다. 격의 없는 사이라도 예의를 지키고 사소한 실수라도 노출하는 일이 없도록 하라. 남에게 제대로 된 대접을 받고 싶다면 먼저 대접하는 것이 예절의 기본 아닌가.

그리고 이런 행동은 언제나 손실보다 이득이 더 많다. 예절 바른 사람은 좋은 말 한 마디만으로도 보은(報恩)을 받으며, 자신이 베푼 선물보다도 더 큰 선물을 얻게 된다. 세련된 예절은 사람을 정복하는 힘이다. 그러나 비열한 자들에게는 단호해야 한다. 호의와 애정을 나눠 받고도 남을 폄하하는 인간들에게까지 예의 바르게 대할 이유는 없다.

세련된 매너는 주변인들에게 호감을 산다

너무 가까우면
실수할 수 있다
Maintain Your Proper Distance Relationship.

존경과 애정은 양립하지 않는다. 존경받고 싶다면 지나치게 사랑하지 말고 일정한 거리를 둬라. 애정은 일종의 속박이며 증오와 마찬가지로 자유를 앗아간다. 애정과 존경은 물과 기름의 관계와 같아 서로 융합하지 못한다. 존경이 경외와 두려움으로부터 시작한다면 애정은 친밀함에서 시작하는 것이다.

지나치게 친숙한 관계로 서로 허물없이 지내다 보면 존경스런 마음이 사라지기 쉽다. 인간관계에서 서로 사랑하고 좋아만 하는 사이보다는 서로 존경하고 존경받는 사이가 되기 위해 노력하라. 이것이 지혜로운 자의 사랑법이다.

좋은 사이에도 일정한 거리를 둘 필요가 있다

기대감을
남발하는 사람
Expecation Vs. Result

일을 시작할 때는 사람들이 큰 기대를 하지 않도록 하라. 계획이 아무리 튼튼해도 실행 단계에 이르면 생각했던 대로 안 되는 않는 것이 현실이다. 희망 섞인 관측을 했다가 기대에 못 미치면 사람들은 대부분 실망한다. 그런데 결과는 대체로 기대를 채우지 못한다.

실망을 만들어내는 원흉은 기대이다. 그러므로 기대를 절제할 줄 알아야 문제의 본질에 접근하기 쉽다. 기대를 낮추면 인생이 행복해진다.

다른 사람과의 관계에서도 마찬가지다. 기대하는 마음이 클수록 실망도 커진다. 겉으로는 훌륭한 사람처럼 보이지만 그 속에는 자신도 알지 못하는 부족함을 지닌 것이 인간이다. 아름다운 것은 좋지만 외모에 속지 않아야 한다. 추한 얼굴의 사람이 뜻밖에 두각을 나타내는 것도 사람들의 기대치가 낮기 때문임을 잊지 마라.

실망을 만들어내는 원흉은 기대이다

남과 어울리기를
게을리하는 사람
To Those Who Are Wary Of Others' Company

위신이 깎이지 않는 한 남들과 함께하라. 자신을 대단히 여겨 거만함을 보이면 남들에게 손가락질을 받기 십상이다. 대중의 호감을 얻기 위해 고개를 조금 숙일 필요가 있다. 남들이 좋아하는 일을 좋아하려고 노력하라. 그러나 품위를 잃어서는 안 된다. 품위 없이 부화뇌동하다가는 그간 쌓아두었던 존경심마저 잃어버리게 된다.

고립을 자초하지 마라. 지나친 진지함은 세상으로부터 제대로 된 평가를 받는 데 장애물로 작용한다. 재능 있는 사람이 소탈하고 겸허한 태도로 남들과 어울리면, 자연스럽게 모두가 스스로를 낮추고 그를 떠받들게 마련이다.

소탈하고 겸허한 태도를 지녀라

논쟁에서
이기려면
To win The debate...

＼　　　논쟁을 할 때는 반론하는 사람의 말에 귀를 기울여라. 상대가 자신을 공격하려고 하는 것인지, 아니면 단순히 성격이 비뚤어진 사람인지를 구분할 수 있어야 한다. 후자는 논쟁이 끝난 뒤에 웃고 잊어버리면 그뿐이지만 분명한 이유를 가지고 덤벼든 사람은 결코 그대로 두어서는 안된다. 남을 깎아내리는 사람 중에는 상대방을 함정에 빠뜨려 다시는 회복하지 못할 지경에 이르게 할 기회를 노리는 자도 있기 때문이다.

진검승부처럼 서로가 끝을 보겠다고 결심한 경우에는 어쩔 수 없지만, 준비가 되어 있지 않은 상태에서 불의의 일격을 받는다면 그처럼 억울한 일이 어디 있겠는가. 논쟁 중에 상대방의 말에 집중하고 틈을 주지 않는 것은 지혜로운 사람이 꼭 취해야 할 태도다.

빈틈을 보이지 마라

조언을
다양하게 즐겨라
Enjoy A Wide Variety Of Advice.

평범한 사람은 자신이 맨 처음 얻은 정보나 인상에 현혹되어 다른 시각에서 문제를 바라보려는 노력을 하지 않는다. 교활함은 뻐꾸기처럼 다른 새의 둥지에 몰래 알을 낳아 가장 먼저 부화함으로써 남아 있는 진실이라는 이름의 새들을 모두 몰아낸다. 어리석은 어미 새는 뻐꾸기 새끼가 제 새끼인 줄 알고 열심히 먹이를 물어 날라 키우지만 은혜를 보답받기는커녕 둥지까지 빼앗기고 만다. 세상을 살아가는 이치도 이와 같아서, 달콤한 아첨이나 교활한 미소에 속아 넘어가면 제대로 된 판단을 내릴 수 없게 된다.

알렉산더 대왕은 나라를 통치할 때 잘못된 의견에 현혹되지 않도록 여러 사람에게 의견을 구해 비교하고 검토한 뒤에야 정책을 결정하였다. 이처럼 더 나은 의견을 수렴할 준비를 하는 것은 지혜로운 리더가 취해야 하는 책략이다.

항상 여러 의견을 수렴하라

나서길 좋아하는
당신에게
To Those Who Tends To Butt In On Everything

＼　　　주제넘게 나서지 마라. 그러면 적어도 남들에게
무시당하지는 않는다. 다른 사람에게서 존중받으려면 먼저
남을 존중할 줄 알아야 한다. 자신의 인격에 관대하기보다
엄격해져라. 제멋대로 나서는 사람보다는 남들의 청원을
들어주는 사람이 세상에서 환영받는 것은 당연한 일이다.
요청도 없는데 간섭했다가 일을 망치면 몇 배로 원망을 사
게 된다. 일이 잘되어도 마찬가지다. 부탁한 사람이 없는데
누가 감사를 표할 수 있겠는가. 남의 논쟁에 끼어들어 말참
견하는 사람은 조롱의 대상이나 될 뿐, 제대로 된 의견을
개진할 기회조차 얻지 못한다. 꼭 필요한 자리에서 자신의
능력을 최대한 발휘하려면 아무 데서나 나서는 버릇을 없
애야 한다.

아무 데서나 나서지 마라

현명한 사람이
곁에 있다면
If You Are A Wise Man By Your Side...

남들과 어울릴 줄 아는 것은 지혜로운 사람이 되는 가장 좋은 방법이다. 현명한 사람은 어리석은 사람들에게서는 피해야 할 말과 행동을 깨우치며, 훌륭한 사람들과 교제하면서는 좋은 취미를 배우고 삶의 모범이 되는 몸가짐을 습득한다. 지혜로운 사람과 관계를 맺으면 용기, 성실성, 사려 깊음과 같은 덕목들을 쉽게 익힐 수 있다. 게다가 남들에게 인정받는 벗을 두고 있으면 자신의 평판도 덩달아 높아지게 마련이다.

또 사람들의 호의는 일을 쉽게 풀어나가는 데 큰 도움이 된다. 지혜로운 친구를 곁에 두면 어려운 일도 손쉽게 해결할 수 있다. 지혜로운 사람만이 현명한 사람을 친구로 둘 수 있는 법이다.

지혜로운 사람은 현명한 사람을 친구로 사귄다

조율
Mediation

자기 주장을 펼칠 때는 조심스럽게 펼치는 게 좋다. 누구나 자신의 이익을 최우선적으로 고려하는 법이고, 자신을 정당화하기 위해 가능한 모든 논거를 끌어들이게 마련이다. 서로 자기만 옳다고 고집해 옥신각신하는 것은 아주 흔한 일이다. 그러나 둘 다 옳을 수도 있고, 둘 다 틀릴 수도 있다. 진실은 하나뿐이지만, 도달하기 위한 노력 없이 진실을 얻을 수 없다. 남과 의견이 충돌할 때는 지혜를 짜내어 신중히 이야기를 나눠 보라.

때로는 지금까지와는 반대되는 입장을 택하여 의견을 바꾸는 것도 현명한 처신일 수 있다. 상대방의 눈으로 자신의 의견을 재고해 보라. 그렇게 하면 함부로 상대방을 비난하지도 않게 될 것이고, 무턱대고 자신을 정당화하지도 못할 것이다.

논쟁을 벌일 때 역지사지를 해봐라

04
PART

자신의 가치를
높이는
지혜의 기술

It's only when the tide goes out
that you discover who's been swimming naked

Warren Buffett

썰물일 때 비로소 누가 벌거벗고
헤엄쳤는지 알 수 있다.

위런 버핏

열정
Passion

열렬한 사랑에 빠진 사람은 상대방을 제대로 판단하지 못한다. 그렇다. 열정이 지나치면 마음은 갈 곳을 잃고 배회하게 마련이다. 일시적인 사랑이 식으면 남는 것은 후회뿐이다. 자신의 행동이 불러일으킨 결과에 대해 후회하며 여생을 보내는 것은 사랑의 열병을 겪고 나서 보이는 어리석은 사람들의 공통된 모습이다.

지혜로운 사람은 사랑을 나눌 때에도 열정을 적절히 조절한다. 지혜로운 사람에게 열정이란 삶에 활기를 더하는 자양분 그 이상도 이하도 아니다. 아무리 사랑이 깊은 것처럼 보인다고 해도 사랑은 한 사람에게 귀속되지 않고 계속해서 움직인다. 열정은 일시적인 감정의 변화이며 지속되는 시간이 매우 짧다는 것을 잊지 마라. 조절할 자신이 없다면 애초부터 빠져들지 마라.

열정을 적절히 조절하라

생각은
신중하게
Think Carefully

문제가 생겼을 때 주의 깊게 생각하는 습관을 들여라. 어려운 상황일수록 더 깊이 생각하라. 어리석은 사람들이 실패하는 가장 큰 이유는 생각하지 않거나 생각할 능력이 없기 때문이다. 난관에 부딪히면 어쩔 줄 모르고 당황하다가 어정쩡하게 마무리되면 그제서야 마음을 놓는 태도로는 성취할 수 있는 일이 하나도 없다.

어리석은 사람들이 쉽게 범하는 또 다른 잘못은 지나간 일에 마음을 쓰거나 쓸데없는 일에 정신을 빼앗겨 정작 중요한 일을 해결하지 못한다는 것이다. 그들은 물도 거름도 제대로 주지 않으면서 튼실한 열매가 맺히기를 기다리는 과수원 주인과 다를 바 없다.

성과는 미리 짜인 튼튼한 계획과 성실한 준비를 바탕으로 꾸준히 노력해야 나오는 것이다. 그러나 여기까지가 보통 사람의 능력을 가지고 도달할 수 있는 영역이다. 지혜로운 사람은 한 걸음 더 나아가, 성과를 놓고 다시 한번 깊이 생활하여 다음 일을 진행하는 기초로 삼는다. 과감하게 행동에 옮길 때라도 생각의 끈은 결코 놓지 마라.

사려 깊게 생각하는 습관을 들여라

언행일치
Consistency Of Speech And Action

말에 부합하는 행동을 하고 꼼꼼히 따져 서로 어긋남이 없도록 하라. 지혜로운 사람은 사려가 깊어 무슨 일을 하든 시작과 끝을 한결같이 유지한다. 이러한 일관성은 얼마나 지혜로운지를 나타내는 증빙이 된다. 언행이 일치하면 사람의 품격이 올라가고 시작과 끝이 한결같으면 남들로부터 신뢰를 받게 되는 것은 자명한 이치다. 말과 행동이 다른 사람은 자신의 변덕이 남들에게 미칠 영향을 고려하지 않고 미리 약속했던 것을 제멋대로 바꾼다. 그런 사람은 자신의 평판을 뒤엎을 행동을 하고 있다는 사실을 모르고 남들을 혼란스럽게 만든다.

만약 좋은 성과가 기대되는 변화가 필요하다면 먼저 관계된 사람을 설득하라. 제멋대로 바꿔놓고 혼자서 이득을 독점하면 그들에게 원성을 사게 된다. 분명한 이유를 제시하여 납득이 되면 그들은 완벽한 결과를 기쁘게 수용하고 당신을 칭송할 것이다.

언행일치와 일관성을 가져라

변화를
두려워해서야
Don't Be Afraid Of Change.

＼　　　자신의 속내를 남에게 들키지 않도록 일하는 방식을 자주 바꿔라. 이것은 상대방을 혼란스럽게 만드는 효과가 있다. 언제나 본심대로 솔직하게 행동하면 남에게 속아 기선을 빼앗기고 따돌림을 당하고 만다. 한 방향으로 곧게 날아가는 새를 쏘아 떨어뜨리기는 쉽지만 이리저리 방향을 바꾸어 날아다니는 새들을 맞히기는 어려운 법이다.

그렇다고 해서 언제나 남을 기교로서 속이려고만 드는 것 역시 어리석은 일이다. 같은 방법에 두 번씩 속는 멍청한 사람은 그다지 많지 않다. 한 번 속은 사람은 약점만 찾으면 덮치려고 만반의 준비를 갖추고 호시탐탐 노린다. 그런 만큼 속내를 감추는 데에는 좀 더 교묘한 방법을 쓰지 않으면 안 된다. 체스의 명수는 상대보다 몇 수 앞질러 본다. 적의 의도대로 말을 몰아가는 것은 스스로 파놓은 함정에 빠져드는 결과를 낳을 뿐이다.

일하는 방식에 변화를 줘라

지식의
습득
The Acquisition Of Knowledge

　　폭넓은 지식을 습득하고 가능한 한 많이 기억해둬라. 지혜로운 사람들은 남들이 잘 모르는 특이한 지식으로 단단히 무장하고 있다. 지식에도 등급이 있다. 천박한 스캔들이나 풍문 따위로 사람들의 관심을 끌 수 있을지도 모른다. 그러나 이런 종류의 지식이 주는 즐거움은 오래가지 않는다. 오히려 괜한 소문을 퍼뜨리는 사람으로 나쁘게 평가받을 가능성도 있다. 곤경에 처했을 때 활용 가능한 지식을 쌓아 두는 사람이야말로 지혜로운 사람이다.

　　지식을 전달하는 방법도 중요하다. 지혜로운 사람은 자신의 이야기에 상대방이 신뢰감 들게 하는 방법을 알고 있다. 담백하고 세련된 행동과 말투로 상대로부터 신뢰를 얻으며, 일 처리 능력에서도 평범한 사람들이 갖지 못하는 탁월함과 임기응변에 강한 모습을 보인다.

　　남이 조언을 요청해올 때 나무라거나 꾸짖어 악감정을 살 필요는 없다. 재치가 넘치는 온화한 말로 하는 충고가 오히려 더 효과가 있다. 자유 7과(중세 유럽의 학교에서 가르치던 교육 과목으로 문법, 수사학, 논리학, 수학, 기하학, 천문, 음악)는 중요한 가르침이며 꼭 필요한 것이기도 하다. 그러나 살아가며 종종 부닥칠 수 있는 실질적인 문제들을 해결할 실마리는 다른 사람들과 이야기를 나누는 가운데 찾을 수도 있다.

폭넓은 지식을 습득하라

결점은 결코
아킬레스건이 아니다
No Defects Never Achilles' Heel.

결점은 결코 아킬레스건이 아니다. 도덕적 결함이나 성격 결함이 없는 사람은 거의 없다. 이 결함은 태어날 때부터 생겨난 것이라 잘 고쳐지지도 않고, 결점이 있는 사람 자신도 고쳐야 할 필요성을 잘 느끼지 못한다. 하지만 이러한 결점들이 적의를 품은 사람의 눈에 띄기라도 하면 적지 않은 타격을 받을 수 있다. 그럴 때라도 자신의 결함이 무엇인지를 잘 알고 대처한다면 최소한의 방어책은 마련한 셈이다.

지혜로운 사람들은 소극적인 방어에서 한 걸음 더 나아간다. 그들은 결점을 아예 자랑거리로 바꾸어 버린다. 카이사르는 월계관을 쓰고 다님으로써 자신의 대머리를 빛나는 영광의 징표(徵表)로 만들었다. 이런 것이 바로 능력이다.

결점을 자랑거리로 만들어라

공상은
금물
Do Not Fancy.

쓸데없는 공상에 사로잡히지 마라. 공상 속에서는 누구나 되고 싶은 것이 될 수 있고 하고 싶은 것은 뭐든 할 수 있다. 그러나 공상만으로 행복해질 수는 없다. 공상으로는 이루어지는 일이 아무것도 없기 때문이다. 지혜로운 사람은 의미 없어 보이는 상상도 자신의 발전을 위해 사용할 줄 안다. 상상력을 통해서 미래를 예측하고 결과를 예상해서 방향을 설정하는 것이다. 상상력이 빈곤하면 주어진 일만 수행하는 수동적 인간이 될 수밖에 없다.

그렇다고 해서 상상에 휘둘려서는 안 된다. 상상력은 종종 인간이 이룰 수 없는 꿈을 꾸게 해 낙담하게 만들며, 배우자가 부정(不貞)을 저질렀을 것이라는 그릇된 의심을 심어주어 고통을 겪게 만든다. 상상력을 잘 통제하여 현실에서 구체적인 성과를 거두는 데만 사용하라.

헛된 공상에 사로잡히지 마라

누구에게나
배울 점이 있다
By Other's Faults Wise Men Correct Their Own.

지혜로운 사람들은 저마다 한 가지씩 특출한 재능을 가지고 있다. 어떤 사람은 판단력이 남들보다 탁월하며 어떤 사람은 마르지 않는 용기를 가지고 있다. 이러한 재능은 로마가 하룻밤에 건설되지 않았듯 졸지에 이루어진 것이 아니다. 지혜로운 사람은 자신의 두드러진 장점을 찾아내어 그것을 끊임없이 절차탁마(切磋琢磨)한다. 어리석은 사람과 지혜로운 사람의 차이는 바로 여기에 있다. 어리석은 사람은 열심히 노력하면 좋은 결과를 얻을 수 있을 것이라는 막연한 생각으로 자신의 장점과 재능이 제대로 발휘될 수 없는 분야에 무턱대고 뛰어든다. 처음에는 그 차이가 미미해 보이지만 세월이 흐르면서 지혜로운 사람과의 격차는 한없이 벌어진다.

장점을 찾아 연마하라

상대를
존중하라

Respect Your Opponent

＼　　　매몰차고 냉정한 말을 거리낌 없이 내뱉는 사람들
이 있다. 이것은 등 뒤에 적을 만드는 어리석은 행동이다.
'성격 때문에', '잠시 화가 나서'라고 나중에 변명해 봐야
이미 상한 마음은 되돌릴 길이 없다. 원래 선의와 같은 좋
은 감정은 노력해도 쉽게 전달되지 않지만 적대감은 순식
간에 자라나게 마련이다.

별다른 이유도 없이 남을 미워하는 사람은 스스로 무덤
을 파는 것이다. 넓은 흉금(胸襟)을 가진 사람이 인정 받는
이유는 특별한 데 있지 않다. 예의 바른 말과 정중한 태도
로써 호감을 사고 사소한 잘못은 쉽게 포용하고 너그러이
용서함으로써 자신의 사소한 잘못도 남들에게 어렵지 않게
받아들여지도록 유도하는 것이다. 남에게 존중받고 싶다면
먼저 상대방을 존중하라. 뿌린 대로 거두는 것이 인생의 간
단한 이치임을 왜 모르는가.

뿌린 대로 거둔다. 존중받고 싶거든 먼저 존중하라

과장의
함정
Exaggeration Of The Trap

　　'최고'나 '제일'같은 말로 상대방을 추켜 올리는 느낌이나 표현을 자제하라. 그런 말들은 사실을 올바로 판단할 수 없도록 오도하고 진실을 가리는 데 일조한다. 그 해악은 남을 속이는 데 그치지 않는다. 그런 말을 마음속에 담고 계속 되뇌는 사람에게 악영향을 미친다. 이것은 마치 함정을 파놓고 사람들을 끌어들였는데 정작 자신이 함정에 빠지는 것과도 같다.

　　반쯤 가려진 진실은 자신의 평판에도 부정적 영향을 미친다. 과대 포장에 실망하게 되면 그 이후로는 자신을 지지한 사람의 말을 조금도 신뢰할 수 없게 된다. 교활한 의도로 사람을 기망한 것도 아닌데 자신의 명성을 깎아먹게 되면 그보다 더 억울한 일이 어디 있겠는가.

　　정말로 탁월한 것은 애써 과장하지 않아도 스스로 모습을 드러낸다. 괜한 호들갑으로 자신의 이름에 누를 끼치는 일이 없도록 하라.

과장된 표현을 하지 말라

겉치레
Pretense

참된 인간은 내면의 깊이를 더하려고 끊임없이 노력하는 사람이다. 다이아몬드가 아름답게 빛나기 위해서는 장인의 헌신적 연마가 필요하듯 인간도 내면을 충실하게 하려면 지속적인 노력이 필요하다.

겉치레에만 신경 쓰는 사람은 모래성을 쌓는 아이와 같다. 그러나 마음을 항상 가다듬고 수고하는 사람이 짓는 집은 예상치 못한 태풍 같은 재해에도 쉽게 무너지지 않는다.

내면의 아름다움은 다른 사람과의 관계에서도 빛이 난다. 겉치레에 몰두하는 사람은 내적 지식이 거의 없으므로 첫 인사가 끝나면 더 이상 할 말이 없어진다. 이리저리 의례적인 말을 주고받는 일을 즐기지만 금방 수도자처럼 침묵을 할 수밖에 없다. 끊임 없이 넘쳐흐르는 마음의 샘물을 지닌 자만이 지혜로운 말을 내 놓을 수 있는 법이다.

내면의 자아를 갈고 닦아라

평정심
Composure

마음의 평정을 잃지 않는 것도 지혜로운 사람이 갖는 기술이다. 넓은 도량과 끝없는 수련 없이 평정심을 유지하는 것은 불가능하다. 사소한 일에는 쉽게 넘어갈지 몰라도 힘든 상황에 맞닥뜨리게 되면 평소의 여유를 잃고 만다. 그럴 때는 불만 댕기면 금방 활활 타오르는 섶처럼 되어버린다.

최선의 상황에서도, 최악의 상황에서도 마음의 평정심만은 잃지 마라. 철저하게 자신의 마음을 콘트롤하라. 분노에서 자유로운 사람은 누구에게도 약점을 드러내지 않는다. 바로 이러한 탁월한 자기 조절 능력에 모든 이가 존경심을 표시하게 될 것이다.

평정심을 잃지 마라

일관성이
필요할 때
When You Need A Consistent

다른 사람과 함께 일을 하다 보면 종종 예상했던 결과와는 전혀 다르게 되는 경우가 있다. 이것은 두 사람이 명확한 원칙에 합의하지 않아 일관성 있는 진행이 불가능했기에 생기는 결과다. 지혜로운 사람이 일관성을 중요하게 여기는 이유는 완벽한 성취를 바라고 있기 때문이기도 하지만, 같이 작업하는 사람과 보조를 맞추기가 그만큼 쉽다는 점을 잘 알기 때문이다. 명확한 이유도 없이 절차를 변경하고 계획을 흔들어 놓으면 일이 제대로 진행될 리 없다.

그러므로 처음 상대하는 파트너라면 일관성을 유지하도록 첫 시작부터 주지시켜라. 그런 사람이 만들어내는 혼돈에 빠져들어 허우적거리면 자신의 명예까지 훼손될 수 있다.

일관성을 유지하며 일하라

사람이
재산이다

The Greatest Asset Is People.

◎

╲　　자신의 기업을 일구고 터전을 마련하려는 사람은
처세술이 탁월해야 한다. 어리석은 사람은 지나친 자신감
으로 무모한 도전을 하다 제풀에 주저앉는다. 단순한 성격
탓에 그들은 실패의 위험에 미리 대처하지 못한다. 스스로
파놓은 함정 속으로 뛰어 든다.

　사업을 하려는 사람에게 요구되는 가장 큰 덕목은 신중
함이다. 행운의 여신은 너무나 변덕스러워서 뜻대로 조절
할 수 없지만 신중함만 있다면 실패 확률을 줄이고 성공을
향해 한 걸음 더 나아갈 수 있다. 신중함에 걸맞은 주의력
과 통찰력을 갖추고 있으면 금상첨화다. '인사(人事)가 만
사(萬事)'라는 옛말처럼 사업을 해 나가는 데는 사람들과의
관계가 가장 중요하다. 그러나 남들과 교제할 때 함정에 빠
지지 않으려면 상대방 속내를 헤아릴 줄 알아야 한다. 사람
이 재산이기 때문이다.

신중함과 주의력 그리고 통찰력을 지녀라

시대의 흐름에
뒤처지지 마라

Do Not Fall Behind On The Trend Of The Times.

현명한 사람은 자신을 늘 새롭게 할 줄 안다. 세상의 모든 존재는 시간의 흐름에 따라 경험이라는 이름의 나이테를 몸에 아로새기지만, 어린 시절에 가졌던 싱싱함만큼은 어쩔 수 없이 잃게 되어 있다. 사람 또한 마찬가지다. 아무리 뛰어난 사람이라도 나이가 들면 점점 경쟁력에 뒤처지고 사람들의 기억에서 사라진다. 훌륭한 사람이라도 시대의 흐름에 적응하지 못하면 밀려날 수밖에 없다.

불사조가 영원히 살 수 있는 까닭은 활활 타오르는 불속에 자신의 몸을 던져 매번 새롭게 태어나기 때문이다. 지혜로운 사람이라면 마땅히 자신이 쌓은 경험을 새로운 시대에 어울리는 재능으로 탈바꿈시킬 줄 알아야 한다.

참신함을 잃지 마라

유연한
태도
Flexible Attitude

옳은 것에 집착하지 마라. 옳은 일만을 추구하다 보면 사람들에게 따돌림 당하기 쉽다. 지나치게 맑은 물에는 고기가 살 수 없는 법이다. 옳은 일을 하는 것은 지혜로운 사람의 특권이지만, 옳은 일만 고집함으로써 생기는 다른 사람의 비난에도 항상 주의를 기울여야 한다. 잘잘못을 가리는 것은 중요한 일이다. 그러나 옳고 그름을 기준으로 주변 사람들을 지나치게 몰아세우는 것은 모두에게 득이 되지 않는다.

옳은 것이라고 하더라도 집착하지 마라

재능을
계발하라
To Develop Your Talent

　자신이 지닌 재능을 정확히 파악하라. 그중에서도 특별한 재능이 무엇인가를 깨닫는 것이 중요하다. 특화된 재능을 키워 나가다 보면 다른 자질도 길러진다. 타고난 소질을 정확히 파악하고 있는 사람은 어떤 분야에서든 한몫을 단단히 할 수 있다.

　자신의 자질 가운데 가장 나은 것이 무엇인가를 알아내고 있는 힘을 다 쏟아 그 능력을 키워 나가라. 판단력이 뛰어날 수도 있고 용기가 장점일 수도 있다. 대부분의 사람은 오로지 지식을 쌓기 위해 헛된 노력을 기울이다가 끝내 아무것도 이루지 못하는 경우가 많다. 재능이 없는 분야에 전념하느라 그 밖의 것을 보지 못하고 좋은 기회가 와도 정작 자신의 특기를 살리지 못하기 때문이다. 첫 단추를 잘못 끼우면 모든 것이 틀어진다.

자신의 재능을 발견하고 **특화하라**

선한 삶은
장수에 이롭다
The Good Life Is Beneficial For Longevity.

╲ 　선하게 사는 것이 장수하는 비결이다. 생명을 단축시키는 원인에는 두 가지가 있다. 어리석음과 방탕함이 그것이다. 어리석은 사람은 분별없이 아무 일에나 나서다가 명대로 살지 못하고 방탕한 사람은 자신의 삶을 제어하지 못하며 아무렇게나 살기 때문에 일찍 죽는다.

　미덕에는 보답이 따르지만 악덕에는 징벌이 따른다. 나쁜 짓을 많이 저지르는 사람은 오래 살지 못하지만 선한 마음으로 자신을 돌보는 사람은 장수한다. 자신의 영혼을 깨끗하게 유지하는 사람은 육체도 그만큼 돌볼 줄 안다. 선하게 살면 행복해지고 남에게서 칭송을 받는다.

선하고 바르게 살아라

명성과 평판을
얻고 싶다면
If You Want To Get Fame And Reputation...

＼　　다른 사람의 기대감을 계속 키워 나가는 것도 지혜로운 사람이 지녀야 할 덕목이다. 남들이 보지 않는 곳에서 자신을 계발하라. 언제나 자신이 가진 능력의 한계에 도전하는 것처럼 행동하라. 성실한 사람이 훌륭한 성과를 올릴 때 사람들은 더 크게 기대하게 마련이다.

다만 자신이 쥐고 있는 패를 전부 공개하지는 마라. 숨겨진 카드 한 장이 위대한 사람과 평범한 사람을 가른다. 다른 사람들의 기대를 키우는 방법을 알면, 명성과 평판은 자연스레 올라가게 되어 있다.

자신의 능력을 전부 공개하지 마라

성실함은
평판으로 이어진다
Sincerity Leads To Reputation.

자신에 대한 평판을 좋게 하고 그것을 유지하는 데는 적지 않은 노력이 필요하다. 지혜로운 사람은 훌륭한 업적을 어떻게 성취할 수 있는지를 고민할 뿐, 그 업적이 어떻게 평가받을지를 먼저 계산하지는 않는다. 성실한 태도로 자신의 일에 매진하면 주변 사람들이 알아서 인정해준다. 실질과 다른 평판은 사람을 피곤하게 할 뿐이지만, 본질에 기초를 둔 평판은 특별히 신경을 쓰지 않아도 오랫동안 지속된다. 지혜로운 사람은 남들로부터 긍정적 평판을 받지만, 평판이 좋은 사람이라고 해서 모두 다 지혜로운 사람은 아니다.

성실한 태도로 자신의 일에 매진하라

감정 조절
Emotion Regulation

어리석은 사람이 기분을 상하게 하려고 덤벼들 때 결코 흐트러진 모습을 보이지 말라. 만약 당신이 자신의 감정을 억제하지 못한다면, 당신도 똑같이 어리석은 사람이 되고 말 것이다. 격정에 휘말리지 않도록 감정을 조절하라. 감정의 격류에서 빠져나오는 방법을 알면 불운이 닥쳐도 침착하게 대처할 수 있다. 자신이 남에게 곧잘 화를 내는 것 같다면 자신과 마주앉아 어디까지 자신을 이겨낼 수 있는지 성찰해 볼 필요가 있다.

격정에 휘말리지 말고 감정을 조절하라

대접받을 만한 사람을 골라라

Pick People Who Deserve A Treat.

◎

＼　　　모든 사람을 똑같이 대접해서는 곤란한 경우가 있다. 세상에는 존중해줄 만한 사람도 있고 무시해버려야 하는 사람도 있다. 황금 잔에는 비싼 샴페인을 담고 나무 컵에는 싸구려 포도주를 담는 것처럼, 뛰어난 사람을 평범한 사람과 동일 선상에 놓고 생각하지 마라. 뛰어난 사람은 자신이 평범한 사람과 똑같은 처우를 받고 있다고 느끼면 불쾌해지며, 평범한 사람을 위대한 사람처럼 대우해주면 그들의 교만함이 눈뜨고는 보지 못할 지경에 이른다.

　　고상한 행동과 고결한 마음씨를 지닌 사람들만을 영접하라. 지혜로운 사람의 식탁에 어울리는 인물은 그만한 가치가 있어야 함을 잊지 마라.

존중할 만한 사람만을 영접하라

평소
말이 많다면
Talkative Person

남들과 대화를 할 때는 자기 자신에 대한 이야기를 삼가는 게 좋다. 자신에 대한 이야기를 늘어놓기 좋아하는 사람은 대체로 다른 사람들을 배려할 줄 모른다. 머릿속이 자기 생각으로 꽉 들어차, 남의 말을 들어줄 여유가 없기 때문이다.

자신에 대한 이야기를 늘어놓다가 자화자찬이 되거나 자학(自虐)이 되지 않도록 조심하라. 객관적으로 자신을 평가할 수 있는 사람은 세상에 흔치 않다. 허영심에 자화자찬을 하게 되고 다른 사람과 자신을 자꾸 비교하는 소심한 마음 탓에 자학하게 된다. 친구들 앞에서는 물론 특히 높은 지위에 있는 사람들과 함께할 때는 더욱 주의해야 한다. 조금이라도 분별력이 부족하다는 표가 나면 뛰어난 사람들에게는 금방 어리석은 사람으로 낙인 찍히기 때문이다. 지혜로운 사람은 중요한 자리에서는 말을 아껴 실수를 피한다.

말을 아껴 실수를 피하라

실용 지식을
우습게 보지 마라
Do Not Patronize Practical Knowledge.

사람들이 살아가는 방식을 몸에 배도록 익힐 필요가 있다. 고상하고 훌륭한 지식이 아무리 많다 하더라도 세상 물정 모르고 대중으로부터 인정받지 못하면 제대로 된 직업을 갖지 못한다. 오히려 스스로 살아가는 방법을 모르기에 대중으로부터 인정을 받지 못한다고 한탄만 하다 평생 굶주리고 소외감 속에 지낸다.

지혜로운 사람일수록 자질구레한 세상의 일을 잘 이해한다. 실용적인 지식은 피와 살을 가지고 있는 사람이라면 누구나 필수적으로 알아야 한다. 먹지 않고도 배부를 수 없으며, 남들에게 인정받지 못하는 지식으로는 끼니조차 해결할 수 없는 법이다. 실용적인 지식을 결코 과소평가하지 마라.

실용적인 지식을 과소평가하지 마라

자신의 가치를
높이고 싶은가?
Do You Want To Increase Your Worth?

예의 바른 말과 품위 있는 행동을 하는 사람은 어디를 가도 쉽게 명성을 얻는다. 대중의 관심을 끄는 것은 재치 있는 한 마디 말일지 모르지만, 깊은 인상을 오래도록 심는 것은 기품 있는 행동이다. 일부러 꾸며대지 않아도 항상 훌륭한 언행을 유지할 수 있도록 자신을 단련하라. 이러한 덕목은 성취하기가 쉽지 않지만 일단 몸에 배면 모든 사람의 존경을 얻는 뿌리가 된다.

기품 있는 언행을 유지하도록 단련하라

단점보다는
장점을
Advantages Than Disadvantages

＼　　사람에게서든, 사물에서든 긍정적인 면을 보아라.
지혜로운 사람은 다른 사람의 장점과 아름다움, 올바름이
라는 미덕을 찾아내는 재주가 있다. 벌은 달콤한 꿀을 따기
위해 향기로운 꽃을 찾지만, 독사는 무서운 독을 얻기 위해
쓴 것을 찾는다. 사람의 성정(性情)도 이와 같다. 장점만 보
려는 사람이 있는가 하면, 단점에만 눈을 고정시켜 놓은 사
람도 있다. 그러나 어떤 것에든 긍정적 면모가 있음을 잊지
마라.

불행을 자초하는 사람이 되지 마라. 그런 사람은 뛰어
난 자질을 두루 갖춘 사람 단 한 가지 결점을 찾아내어 비
난하고, 그 결정을 침소봉대한다. 그러나 그 또한 사람이어
서 남의 결점이나 단점을 탐지하러 다니는 일은 마음의 부
담일 수밖에 없고 결국에는 견딜 수 없는 고통을 받게 마련
이다. 그런 사람이 행복해질 리 없다.

지혜로운 사람이 행복한 이유는 결점 투성이인 인간에

게서 좋은 점, 아름다운 점을 찾아내고 이를 칭송함으로써
덕을 쌓기 때문이다.

누구에게나 장점은 있게 마련이다

당신이 옹졸한
사람이라면
If You Are Bigot...

　　대중의 취향은 끊임없이 변하며 이러한 대중의 변화에 부응하기란 쉽지 않다. 대중의 태도에 일희일비하지 마라. 대중으로부터 멀어졌다고 생각되면 전문성을 키우고 다양한 인맥을 쌓아라. 그리고 그때까지 여유 있고 유쾌한 태도를 견지하라. 대중의 눈 밖에 났다고 괴로워하는 것은 결코 지혜로운 지도자가 취할 태도가 아니다. 그것은 언젠가 다시 찾아올 인기를 쫓아버리는 결과를 낳을 뿐이다.

　　사람들이 당신에게 의지하고 싶은 마음이 들도록 실력을 키워라. 당신에게 도움받은 사람은 언젠가 다시 찾아온다. 그리고 당신의 지위를 확고히 하기 위해 최선을 다하라. 지위가 높으면 대중의 관심을 끌기 마련이다.

　　　　　　　　　남들이 의지할 만큼 역량을 키워라

잘난 체하기
좋아하는 당신에게
Smart Aleck

　　자기만족에 겨워 잘난 체하지 마라. 결코 좋은 평판을 들을 수 없다. 그런 행위는 스스로에게는 아무리 만족스럽게 보이더라도 다른 사람의 마음을 흡족하게 하지 못한다면 별다른 의미가 없다. 어리석은 사람이 빠지기 쉬운 함정 중 하나는 자신의 성과를 혼자만 기뻐할 줄 알고, 남들의 조언을 구해야 한다는 생각은 하지 않는다는 것이다. 아무리 훌륭한 물건이라도 누가 사주지 않으면 팔리지 않는다는 간단한 이치를 까맣게 잊고 있는 셈이다.

　　자기 만족감에 사로잡혀 있는 사람은 자랑을 늘어놓느라 바빠 다른 사람의 조언을 무시한다. 게다가 자기 만족감은 알지 못하는 곳에서 자라나는 탓에 더욱 위험한 결과를 초래한다. 재난이나 불운은 미리 대비하면 어렵지 않게 대처할 수 있다. 그에 비해 자기만족과 같은 오만함은 스스로 깨닫기가 어려워 그 피해를 깨달았을 때는 이미 치명적 상태인 경우가 대부분이다.

자기만족에 빠지지 마라

약점 감추기
Pander

　자신의 약점을 감출 줄 알아야 한다. 다친 손가락을 함부로 드러내놓고 다니면 여기저기 부딪히거나 더러운 것이 묻어 덧나게 된다. 약점 또한 마찬가지다. '이 정도는 괜찮겠지.'라는 생각으로 주의하지 않고 약점을 남에게 공개했다가는 사악한 사람들에게 걸려 엄청나게 큰 대가를 치를 수 있다. 교활한 사람들은 남의 약점을 쥐고 흔들어 쾌감을 얻는 데서 그치지 않고 실제적인 이득을 취한다. 경쟁자가 낙심하여 포기할 때마다 교활한 사람들이 성공할 가능성은 그만큼 높아진다.

　사람은 누구나 크든 작든 약점이 있게 마련이다. 그러나 지혜로운 사람은 약점으로 인해 실망하거나 좌절할 때가 있다고 하더라도 그것을 절대로 드러내지 않는다. 평범한 사람들은 독수리와 매처럼 날카롭게 노려보는 적들 앞에 무방비 상태가 되어 먹잇감이 되지만, 지혜로운 사람은 고슴도치처럼 단단한 가시로 남이 함부로 범접할 수 없도록 자신을 단속한다. 지혜로운 사람은 넌지시 속을 떠보려는 감언이설로 무장한 사람을 아예 상대하지 않으며, 약점을 결코 남의 눈에 드러나게 하지 않는다.

자신의 약점을 결코 드러내지 마라

말 많은
당신에게
A man Of Many Words

⟍　　　중요한 이야기라도 장황하게 해서 요점을 흐리거나, 같은 내용을 반복하지 마라. 그렇다고 과장해서는 절대로 안 된다. 요점만 간결하게 이야기하는 것이 지혜롭고 학식 깊은 사람의 대화법이다. 간결하게 이야기하면 의사 전달이 명확해지므로 내용이 알찬 것처럼 들려 상대방의 이목을 집중하게 할 수 있다. 물론 교양 없어 보이는 거친 말투는 절대 금물이다. 최대한 예의를 갖추어 간결하게 말한다면 더 큰 성과를 얻을 뿐 아니라 호감 가는 사람으로 기억될 것이다.

지혜로운 사람에게 말 잘하는 방법이 따로 있는지 묻는다면, 아무런 기술도 필요 없다고 답할 것이다. 대화란 친구와의 대화처럼 편해야 한다. 상대방을 자꾸 캐고 들어가려는 식으로 대화하거나, 또는 상대방과 관계가 먼 이야기를 필요 이상으로 하는 것은 오히려 상대방의 마음에 벽을 쌓게 하는 것이다. 사려 깊은 사람은 간결하고 명확한 언어

로 상대방을 지루하게 하지 않으며, 신경을 거스를 만한 일
에 대해서는 굳게 입을 다무는 신중함을 지닌다.

말은 간단하고 격의 없이, 그러나 신중하게 하라

자신을 돋보이게
하고 싶다면
If You Want To Stand Out Yourself...

＼　　　자신이 하는 일을 돋보이게 하는 것은 성공하는
사람이 반드시 갖추어야 할 덕목 중 하나다. 사물의 내적
가치를 제대로 파악하는 사람은 그렇게 많지 않으므로 대
중이 쉽게 알 수 있게 자신의 업적을 홍보할 필요가 있다.
대중은 잘 알려진 일에 몰려들고, 모두가 같은 방향으로 쏠
리는 속성이 있다. 자신이 하는 일을 높이 우러러보도록 잘
포장하며 일부는 비밀로 해 호기심을 자극하고 때로는 존
경심을 불러일으키게 한다면 그야말로 대단한 기술이라고
할 수 있다. 그러나 속 보이는 겉치레는 피해야 한다.

다소 건방진 태도를 보이는 것도 대중을 자극하는 좋은
수단이다. 사람은 누구나 자신이 지혜로운 사람이라고 믿
으며 살아간다. 허영심을 약간만 부추기면 대중은 자신들
의 수준이 그만큼 격상되었다고 느끼게 된다. 사소하고 일
상적인 모습을 보여주는 것은 되도록 삼가라. 가깝다고 해
서 대중의 사랑을 받을 수 있는 것은 아니며 오히려 평범한

사람으로 보일 수도 있다. 대중은 비범한 사람에게 열광한다. 그런 사람과 어깨를 견주고 있다는 사실만으로도 그들에게 만족감을 심어준다.

대중은 비범한 사람에게 열광한다

자신의
결점
Your Own Shortcomings

아무리 위대한 사람이라도 결점이 없는 사람은 없다. 재능과 마찬가지로 결점 역시 태어날 때부터 가지고 태어난다. 그러나 결점을 가진 사람과 결점을 고치지 못하는 사람은 하늘과 땅처럼 큰 차이가 있다.

어리석은 사람은 자신의 결점을 깨닫지 못하기 때문에 결점을 고치지 못한다. 결점은 종종 우리에게 편리함과 쾌락을 가져다주는 듯이 보인다. 그래서 어리석은 자들은 자신의 단점을 고치려는 노력보다는 손쉽게 욕망이란 본능에 이끌린다. 하지만 지혜로운 사람은 그러한 유혹에 넘어가지도 않을 뿐더러 결점 역시 드러내지 않는다. 아주 평범한 사람일지라도 자신의 결점이 무엇인지를 깨닫는다면 결점은 손쉽게 고칠 수 있다. 자신을 비난하는 사람들의 말이 옳든 그르든, 그들의 지적은 일면 사실에 근거하고 있음을 인정하면 된다. 남의 말에 주의를 기울이는 만큼 당신 내면의 목소리에도 귀 기울여라. 그뿐만 아니라 자신을 감쪽같이 속일 수 있는 존재는 무엇보다 자기 자신임을 기억하라. 자신의 결점을 알면 고쳐야 하는 이유 역시 명백히 알게 된다. 다만 너무 서두르지 말고 큰 것부터 하나씩 고쳐나가라. 그러면 작은 결점들은 저절로 고쳐질 것이다.

큰 결점부터 고쳐 나가라

남에게
조언하고 싶다면
If You Want Others To Advise...

　　＼　　　의미 없는 말을 꺼내거나 남을 험담함으로써 관심을 끌어보려는 사람이 있다. 그런 사람은 잠시 화제의 중심에 있는 것처럼 보인다. 그러나 재담도 계속 듣다 보면 싫증나는 때가 온다. 그러니 흥미를 끌만한 이야기를 늘어놓기보다는 사려 깊은 태도로 상대의 말에 귀 기울이고 정말 필요한 조언만을 하라. 그리고 필요한 때에 조언할 수 있도록 지식과 경험을 키워라. 같은 충고라도 먼저 한 사람이 대접받는다.

　　위신을 세우거나 떨어뜨리는 당사자는 바로 자기 자신이다. 섣불리 다른 사람의 다툼에 끼어들어 중재자가 되려고 하지 마라. 결과가 아주 좋지 못한 이상, 양측 모두로부터 볼멘소리를 듣기 십상이다. 모르는 일에는 입을 다물고 있는 편이 나은 경우가 세상에는 참으로 많다.

꼭 필요한 조언만 하라

불행에 빠진
사람을 생각하며
Thinking Of The People Who Fell Into Misfortune

세상 인심은 변화무쌍하다. 높은 자리에 있던 사람이 자신만의 이익을 생각하며 떵떵거리며 살 때는 질시와 지탄의 대상이 되다가도, 하루아침에 초라해지면 오히려 사람들로부터 동정 받게 되는 경우를 흔히 볼 수 있다. 불행은 행운과 엇갈려서 찾아오게 마련이다. 운의 변화를 주의 깊게 살펴 불행을 대비하는 자세야말로 지혜로운 사람이 하는 처신이다.

불행한 이에게 자선을 베푸는 행위는 자신의 아량을 과시할 수 있는 좋은 방법이다. 또한 자신을 박대했던 사람에게 선행을 베푸는 사람에게는 인재가 몰려든다. 선행을 통해 명분을 쌓으면서 그리 크지 않은 투자로 인재들을 자기 사람으로 끌어들이는 것이야말로 지혜로운 사람의 용인술이다.

자선을 베풀며 아량을 과시하라

상대와
대결할 때는
When You Play Against Opponents...

다른 사람과 대결을 할 때에는 정정당당하게 맞서라. 지혜로운 사람은 전쟁에 임했을 때도 명예롭게 행동한다. 승부를 걸 때는 제3자의 개입을 막고 스스로 믿는 대로 행동하라. 다른 사람들의 요구에 끌려 다니다가 의도하지 않았던 일을 저지르고 자멸한 사람이 역사에는 수없이 많이 있다. 결코 패배를 모른다는 인상을 다른 사람에게 심어두는 것 또한 지혜로운 사람이 택해야 하는 처세술이다. 언제나 이기는 모습을 보여주는 사람에게는 함부로 덤벼드는 어리석은 상대가 거의 없다. 이겼을 때는 적을 관대하게 대하라. 마음이 넓고 용서할 줄 아는 사람은 인맥을 형성하기가 그만큼 쉽다. 이기기 힘든 적일수록, 진심으로 승복하고 나면 능력 있는 친구가 된다. 남의 신뢰를 이용해 등 뒤에서 칼을 들이대지 마라. 비겁한 사람에게는 똑같은 응보가 기다린다는 것을 결코 잊어서는 안 된다.

패배를 모르는 사람이라는 인상을 심어줘라

꼼수의
유혹
Temptation Of Tricks

상대가 교활한 속마음을 감추고 달콤한 말로 유혹하거나 예의를 가장해 자신을 낮추는 것처럼 보여도 지혜로운 사람은 상대가 원하는 것이 무엇인지를 읽어낸다. 겉으로 그럴듯한 행동거지로 환심을 사려 하지만 속에는 시커먼 의도가 들어 있는 사람은 도금된 왕관과 같다. 번쩍거리고 화려한 모습을 하고 있지만 손톱으로 살짝만 긁어도 금딱지는 떨어져 나가고 본체가 드러난다. 치졸한 의도는 품위로 치장한다고 없어지는 것이 아니기 때문이다.

이구동성으로 위대하다고 인정받는 사람에게도 결점이 있다. 위인을 존경하는 마음이 지나쳐 그의 잘못까지 닮으려는 헛된 짓을 하는 어리석은 사람이 되지 마라. 이는 결점을 제대로 읽지 못하기 때문에 생겨나는 병폐다.

치졸한 의도를 품위로 치장하지 마라

위기가
닥쳤을 때
When The Crisis...

＼　　　최선을 다하는 것도 중요하지만, 일을 진행할 때
는 언제나 약간의 여력을 남겨두는 편이 좋다. 모든 능력과
정열을 한 곳에 쏟아붓는 사람은 돌발 상황이 생기면 유연
하게 대처하기 힘들다. 지혜로운 사람은 자신의 역량을 정
확히 파악하고 적재적소에 필요한 만큼만 사용한다. 쓸데
없이 낭비하지 않는다는 말이다. 모두가 난처해하고 있을
때야말로 비축해둔 실력을 발휘할 좋은 기회다.

평소에 성실한 모습을 보이는 것도 중요하지만 곤경이
닥쳤을 때 위기를 슬기롭게 해결할 수 있다면 훨씬 더 능력
있는 사람으로 인정받게 마련이다. 신중한 태도를 유지하
고 일의 추이를 관찰하며 기회를 노려라. 다른 사람의 위기
를 자신의 기회로 만드는 것이야말로 지혜로운 사람이 반
드시 갖춰야 할 기술이다.

위기를 기회로 만드는 역량을 키워라

늘 부족한 마음으로
채우기를 게을리하지 마라
Always Take Care To Fill Up What's Lacking

세상살이에 분별력이 부족하다고 생각되는 사람은 지혜로운 사람의 잠언(箴言)에 귀를 기울일 깜냥이라도 있어야 한다. 그러나 소크라테스가 깨우쳐주었듯, 많은 사람은 자신의 무지를 알지 못하고 인정하지도 않는다.

자신의 부족함을 인정하지 않는 사람은 불치병 환자와 같다. 자신도 제대로 알지 못하는 사람이 어찌 세상의 지혜를 얻을 수 있겠는가. 현명하다고 확신하지 마라. 진정으로 지혜로운 사람은 늘 자신을 부족하다고 생각하며 끊임없이 자신에게 채찍질하는 사람이다. 빈 잔에는 좋은 술을 채울 수 있지만, 이미 가득 찬 잔에는 더 이상 채울 게 없다. 조언을 구하는 사람은 결코 모자란 사람이 아니다. 귀를 틀어막고 자기 식으로만 생각하는 사람이 진짜 모자란 사람이다.

지혜로운 사람은 늘 자신이 부족하다고 여긴다

불공평하다고
생각하는가?

Do You Think It Is Unfair?

＼　　　모든 일에 정통한 사람은 아무도 없다. 각자의 삶
은 '역할'이라는 서로 다른 몫을 나눠 가짐으로써 세상을
움직이게 하는 도구이다.

지혜로운 사람은 모든 사람을 존중한다. 자기와 관계하
는 모든 사람에게서 선한 의지를 찾아내어 서로의 발전을
위해 사용할 줄 알기 때문이다. 어리석은 사람은 자신의 더
큰 허물은 모른 채 남의 작은 허물만 비난함으로써 주변 사
람들의 관계를 최악으로 만든다. 세상 모든 것에 감사하는
방법을 배우는 지혜가 필요하다.

매사에 감사하는 마음을 지녀라

말과 행동
Do Not Look Ignorant.

신중한 말과 우아한 행동은 사람의 품격을 평가하는 잣대가 될 수 있다. 그것은 뛰어난 지성과 완벽한 정신의 또 다른 표현이다. 말과 행동, 어느 한쪽만으로 존경받고 위대한 사람이 되는 것이 아니다. 둘 다 갖추었을 때 비로소 위대한 사람이 될 수 있다.

입만 살아있는 교활한 사람은 자신의 덕월힘을 남에게 증명하지 못한다. 눈에 보이는 성과를 이룰 수 없기 때문이다. 행동만 앞세우는 저돌적이고 무식해 보이는 사람은 자신의 능력을 전부 발휘하지 못한다. 그것은 마치 배가 키를 잃고 표류하는 것과 마찬가지다. 위대한 사람은 말을 신중하게 하고, 행동은 품위 있게 한다.

말은 신중하게, 행동은 품격 있게 하라

쉽게
흥분하는 사람
The Person Who Get Excited Easily

﹨   몹시 화가 났거나 뛸 듯이 기쁘다고 해서 순간적으로나마 이성을 잃으면 평소와는 아주 다른 엉뚱한 짓을 저지르기 쉽다. 한 순간의 격정에 휩쓸려 평생 후회할 일을 저지를 수도 있는 것이다.

교활함과 사악함으로 무장한 사람들은 고의적으로 비위에 거슬리게 하거나 분통 터지게 하는 험담을 제멋대로 지어내어 상대를 괴롭히고 반응을 살핀다. 비범한 사람들의 비밀을 파헤쳐 폭로함으로써 명성을 훼손하려는 것이다. 이런 상대와 대적하기 위해서는 자제심을 기를 수밖에 없다. 순간의 충동에 휩쓸린 행동을 삼가고, 감정이 야생마처럼 날뛰지 않도록 억눌러야 한다. 호랑이에게 물려가도 정신만 차리면 살 수 있다는 속담처럼, 일시적인 감정에 휘둘리지 않는다면 어떤 일에도 현명하게 대처할 수 있음을 명심하라.

자신이 상대에게 말려들지 않도록 주의하는 것만큼 중

요한 일이 또 하나 있다. 자신의 성공을 위해 거짓을 지어 내지 마라. 상대가 자신의 의도대로 움직이리라는 보장은 어디에도 없을 뿐더러, 그것이 거짓임을 상대가 알기라도 하면 오랫동안 마음속에 남아 복수심을 일으키기 때문이다.

충동적인 행동을 삼가고 자제심을 길러라

진실을
알리는 기술
Technology To Tell The Truth

＼　　　진실한 말은 환부를 도려내는 후련함을 안겨주기
도 하지만 뼈를 깎는 고통을 주기도 한다. 진실을 털어놓
는 일이 위험하다는 것을 알면서도 정직한 사람들은 그것
을 털어놓고 싶어 고민한다. 지혜로운 사람은 진실을 알리
는 데 탁월한 기술을 갖고 있다. 그것은 마치 환자가 통증
을 느끼지 않도록 치료 중에 끊임없이 생각을 분산시키려
는 말을 늘어놓는 명의(名醫)의 요령과도 비슷하다. 진실을
토로할 때는 고통을 수반하기 때문에 숙련된 기술과 올바
른 태도가 필요하다.

진실하긴 하지만 상대의 잘못을 책망하듯 내뱉는 사람
은 원한을 사기 쉽다. 거짓이지만 칭찬으로 들리는 아첨을
주워섬기는 사람이 오히려 남들로부터 사랑을 받는다. 진
실을 말하면서도 거슬리게 하지 않는 태도야말로 모든 사
람의 존경을 받을 수 있는 길이다.

고사(故事)를 빌려 상대방을 깨우치는 것은 지혜로운

사람이 취하는 신중하고 조심스러운 처세술이다. 이러한 방법은 윗사람에게 좋지 않은 결과나 평가를 전달하는 데 특히 효과적이다. 환상적인 이야기 속에 일말의 진실을 담으면 누구나 어렵지 않게 받아들일 수 있다.

고사성어를 활용하라

자신을
표현하는 법
How To Express Yourself

　　＼　　　자신을 소개할 때에는 간단명료하게 하라. 제아무리 좋은 생각이 들어 있어도 표현을 제대로 하지 못하면 다른 사람을 설득할 수 없다. 분명하고 명확하지 않으면 마음속 생각과 결의를 제대로 세상에 드러내 보이기 힘들다. 잘 이해할 수 있도록 명료하게 풀어 설명하는 사람은 그만큼 남들로부터 쉽게 인정을 받는다. 그러나 가끔은 이해하기 어렵고 혼란스러운 표현을 즐겨 쓰는 사람들이 경외의 대상이 되는 경우도 있다. 자신이 이해하지 못하는 내용을 설명할 때는 천박하게 보이지 않도록 모호한 태도를 유지하는 것이 좋다. 말하는 사람도 잘 알지 못하는 내용을 듣는 사람이 어떻게 이해할 것인가?

　　　　　　　　　　　　　　　　간단명료하게 **표현하라**

교활한 사람이란
평을 듣지 마라
Do Not Be Evaluated Fox.

＼　　사람들로부터 교활하다는 소리를 듣지 않도록 조심하라. 남을 속이지 않고서는 필요한 것을 얻을 수 없을지라도 교활하다는 소리를 들어서는 곤란하다. 양심을 속이고 남에게 피해를 끼치면서 살기 보다는 분별력을 가지고 사는 편이 낫다. 경제적으로 다소 힘들더라도 건전하고 확고한 신념을 지킴으로써 존경받으며 살아가는 게 현명한 사람이 취하는 생존법이다. 평판은 눈에 보이지 않는 곳에서 자라나기 때문이다.

성실하게 살아가는 것은 분명 좋은 일이지만, 그렇다고 남에게 속을 만큼 어리숙하게 보이는 것은 지혜로운 사람이 반드시 피해야 할 처세술이다. 아무리 진실한 것이 좋아도 모든이가 진실하게 살아가지는 않는다. 사람은 좋지만 실속이 없다는 말을 듣기보다는 어떠한 일도 믿고 맡길 만한 사람이라는 평판을 얻기 위해 노력하라.

좋은 평판을 듣도록 노력하라

말하는 태도
Say Your Attitude

대화 속에서 오가는 말은 우리에서 플려난 야생동물과 같아서 다시 붙잡아 가둘 수가 없다. 충동적으로 말하는 사람일수록 행동에도 기품이 없고 자제심을 쉽게 잃는다. 듣기 싫어하는 상대를 붙잡아 두고 억지로 자신의 이야기를 늘어놓을 수는 있지만, 때로는 자신의 말에 대해 책임지지 않는 몰지각함까지 있다. 이런 사람은 남의 말을 거의 들으려 하지 않는다. 귀를 기울이는 것 같아 기껏 설명해주면 엉뚱한 말로 응수한다. 이런 사람에게는 상대가 누구라도 상관이 없다. 자신의 하소연만 들어줄 수 있다면 그만이다. 그에 비해 지혜로운 사람은 마음의 상태인 말을 함부로 말하지 않도록 늘 조심한다.

충동적으로 말하지 마라

말할 때
행동과 복장
When Speaking Behavior And Dress

　　주변의 관심을 끌고자 눈에 띄게 유별나게 행동하는 사람들이 있다. 과도한 옷차림으로 잦은 모임을 주최하고 튀는 쇼맨십으로 사람들을 놀라게 한다. 한두 번쯤은 이들의 행동이 좌중을 즐겁게 할 수 있다. 하지만 좋은 것도 반복되면 싫증을 넘어 짜증까지 유발하는 법이다.

　　유별난 행동이나 복장으로 남의 시선을 끄는 행동은 지혜로운 사람이 취할 태도가 아니다. 그러한 행동은 감추어진 자신의 재능마저 인정받지 못하게 한다. 성공한 사람들 중에는 남에게 빈축을 사면서까지 자신의 취향을 고집하는 사람은 거의 없다.

남들이 싫어하는 행위는 하지 마라

역사책을
읽어라
Read The History Books

＼　급히 처리해야 할 일이 끊이지 않고 일어난다고
해서 당황하지 마라. 신속한 판단으로 닥쳐온 일을 해결하
고 한발 빠른 예견으로 다음 일을 준비하라. 삶은 본래 몸
이 고달픈데도 마냥 걸어가야 하는 여정과도 같다. 그나마
작은 위안이 있다면 지식의 우물에서 목을 축이고 지혜의
그늘에서 땀을 식히는 잠깐의 휴식이 다시 발걸음을 재촉
할 힘을 안겨준다는 것뿐이다.

이처럼 휴식과도 같은 삶을 살기 위해서는 역사와 대화
하라. 과거를 살펴봄으로써 세상의 움직임을 알 수 있다.
또한 역사는 인간이 어떻게 살아왔으며 앞으로 어떻게 살
아가야 할지를 보여주는 안내자 역할을 한다. 폭넓은 지식
을 얻으려면 좋은 책을 골라 읽어라. 책 속에는 여러 사람
의 각기 다른 다양한 생각과 사상을 이해할 수 있는 다리가
놓여 있다. 훌륭한 생각들은 책 속에 모두 들어 있다고 해
도 과언이 아니다.

명예를 얻고 성공하기 위해서는 사람들과 어울려라. 보잘것없는 사람이나 위대한 사람이나 혼자서는 살아갈 수 없다. 그만큼 인간이란 어울려 살아갈 수밖에 없는 존재다.

무엇보다 지혜로운 사람이 되어라. 신성함도 비천함도 모두 인간 마음속에 들어 있는 씨앗 아닌가. 어느 쪽에 물을 주고, 볕을 쬐게 하고, 적당한 양분을 공급하느냐에 따라 열매가 달라진다.

역사와 대화하고 즐겨라

누가 나의 결점을
이야기하기 전에
Before Anyone Talk About My Shortcomings.

╲　　　선천적으로 큰 재주를 갖고 태어난 사람은 그만큼 결점도 많이 갖게 되어 있다. 처음에는 겉으로 드러난 재능이 결점을 가리지만, 잡초와도 같은 결점은 잠시만 한눈을 팔아도 어느새 온 마음을 뒤덮어버린다.

　　결점을 없애기 위해서는 먼저 자신의 결점이 무엇인지를 알아야 한다. 지혜로운 사람이라도 모르는 것까지 해결할 능력은 없다. 조용한 곳에서 홀로 명상하면서 자신의 마음을 관찰하는 것도 결점을 파악하는 좋은 방법 중 하나다. 하지만 자신의 결점을 좀 더 빠르고 쉽게 찾아내는 방법은 자신을 비난하는 사람들의 말에 귀를 기울이는 것이다. 중상과 모략에 흔들리지 말고 잘 판단하여 진실로 결점이라고 할 만한 것을 찾아라. 그리고 가장 크고 위험한 결점부터 개선하려고 노력하라. 가장 큰 결점을 극복하고 나면 다른 결점들은 자연스레 따라 없어진다.

　　　　중상과 모략을 받으면 그것에서 자신의 결점을 찾아라

농담을
즐기는 당신
Dangers Of Excessive Humor

＼　　　농담은 적당하게 하고 신중한 태도를 견지하라. 지혜로운 사람은 기지가 넘치고 좌중을 휘어잡는 재주가 있는 쪽이 아니라 언제나 신중한 태도를 보이고 말을 아끼는 쪽이다. 항상 농담으로 마무리 짓는 사람은 남들에게 진실하다는 인상을 심어주기가 어렵고, 그저 가볍고 재미있는 사람 정도로 이미지가 굳어지게 마련이다. 게다가 거짓말쟁이나 허풍쟁이로 여겨져 신뢰를 받지 못하게 되는 경우도 있다. 사람들이 '저 사람 언변에 내가 현혹되는 것은 아닐까?'라고 생각할 수도 있기 때문이다.

상식선에서 지켜야 할 정도가 있다. 웃음을 유발하여 대중을 즐겁고 유쾌하게 만드는 것은 좋으나, 웃음이 과하면 헤픈 사람으로 낙인찍히게 된다. 말을 조금 아껴 입이 무겁고 신중하다는 인상을 심어주면 믿고 따르는 사람이 많아진다. 한 번 더 생각하고 입을 열어라.

농담은 적당하게 하라

신비주의
전략
Mysticism Strategy

계획이나 생각을 구체적으로 드러내지 마라. 대중은 자신들이 이해할 수 있는 것은 낮게 평가하고 파악할 수 없는 것은 높이 떠받든다. 가치를 인정받으려면 일단 난해한 말로 생각을 치장할 필요가 있다. 현학적인 단어 구사와 권위적인 말투는 사람의 마음을 움직이는 효율적인 도구다. 실제보다 현명하게 보여야 대중의 관심을 끌 수 있다. 의도한 바를 대중이 계속 고민하도록 만들어라. 억측은 스스로 자라나 나무가 되고 잎이 나고 꽃이 피고 열매를 맺게 되어 있다. 그리고 그 과실을 수확하는 것이 지혜로운 자의 몫이다.

제대로 이유를 설명하지도 못하면서 열광하고, 신비스럽고 특이하다는 이유로 무조건 칭찬하는 것이 대중의 속성이다. 왜인지 아는가? 그들에게는 다른 사람과 구별되는 자신만의 생각이 아예 없기 때문이다.

억측은 스스로 자라나는 과실나무다

베푸는 일도
거래처럼
Charity Is A Transaction

＼　　조금씩 그러나 자주 좋은 일을 하라. 일방적으로 주는 것은 상대를 게으르고 가치 없는 사람으로 만드는 것이다. 베푸는 일도 거래하듯이 해야 한다. 줄 때 주더라도 받을 것을 결코 놓쳐서는 안 된다.

자선 행위의 가치는 높은 자리에 있는 사람이 할수록 높아진다. 남들을 자신의 의도대로 움직이게 하려면 기대를 채워주고 의존하게 만들 필요가 있다. 그렇다고 해서 남들의 요구를 모두 만족시켜 주어서는 안 된다. 새끼 새들이 자라면 어미새의 품 안에서 받았던 모든 사랑을 등 뒤로 하고 떠나버린다. 마찬가지로 욕구를 모두 충족한 사람은 언제든 자신의 자리를 박차고 떠날 준비를 하는 법이다.

자신에 대한 기대심리를 계속 남겨둬라

허허실실
전략
Strategy Of Detachment

＼　　　평소 웬만해선 화를 내지 않는 사람은 자신의 감정을 드러내지 않는 사람으로, 누구에게나 호인(好人)으로 평가받는다. 그러나 무슨 일을 당해도 화를 내지 않는 사람을 참다운 인간이라고 말할 수 없다. 이런 사람이 화를 내지 않는 이유는 둔감해서라기보다는 어리석기 때문이다. 자신의 감정을 적당히 조절할 줄 알고 강하게 나가야 할 때와 그렇지 않을 때를 아는 것 또한 지혜로운 사람이 갖춰야 하는 덕목이다.

가만히 서서 꼼짝도 하지 않는 허수아비의 정체가 드러나면 참새는 언제든 날아와 곡식을 쪼아 먹게 마련이다. 분별력 있는 사람이란 엄격한 태도와 다정한 태도를 겸비한 사람이다. 둔감한 사람은 언젠가는 큰 재난을 당하게 된다. 지나치게 선량해서 신세를 망치는 사람을 주변에서 흔히 보지 않는가?

엄격한 태도와 다정한 태도를 겸비하라

능력 발휘도
골라서 발휘하라
Place That Demonstrate Your Ability To Exert Pick.

지혜로운 사람은 남들에게 자신이 갖춘 모든 능력을 일거에 보여주지 않는다. 그러므로 당신도 지혜로운 사람처럼 쓸모없는 일에 식견과 분별력을 낭비할 필요가 없다. 대신 사람들 가슴에 '기대'라는 이름의 씨앗을 뿌려 놓아라. 뛰어난 재능이 없어 보이는 사람이 전혀 기대하지 않았던 성과나 업적을 이루게 되면 사람들은 그에 대한 기대가 한껏 부풀어 올라 또 다른 성과를 기대하게 된다. 이렇듯 지혜로운 사람은 사람들이 자신에게 쏠리는 기대감을 유지시키는 방법을 알고 있다. 그러므로 자신의 능력을 시의적절하게 조절하고, 자신 재능과 지식을 조금씩 내놓아 성공에 이를 때까지 진정한 자신의 모습을 드러내지 않는다. 바로 그것이 지혜다.

자신의 능력을 한꺼번에 드러내지 마라

대중과
호흡하라
Stay In Consensus With Public

◉

＼　　　 대중이 좋아하는 것을 혼자 무시하지 마라. 설령 이해할 수 없는 이유로 사랑을 받는다고 해도, 대중에게 만족을 주는 것에는 분명히 그들 마음에 들게 하는 특별한 무엇이 있다.

자신의 생각만이 옳다고 확신하며 독단적 행동을 취하는 완고한 사람은 대중의 관심사를 무시하다 눈앞에 다가온 천금같은 기회를 놓치고 만다. 대중의 관심사를 사업과 결부시켜 본다면 당연히 사업은 실패하게 될 것이고, 실패한 사람은 자신의 판단력을 믿지 못하게 되어 끝내는 외롭고 초라해지게 된다.

좋은 것이 있다면 어떻게 해서든 닮으려고 노력하라. 대중이 사랑하는 것은 비록 유행이고 특별하지 않은 것처럼 보여도 그 시점에서는 가장 가치 있는 것이다.

　　　　　　　　　　　대중의 관심사를 읽고 존중하라

당신은 매력이 있는
사람인가
You Are Attractive In Person?

＼　　자신만의 특별한 매력을 발견할 수 있는 사람은
행복하다. 대부분 사람들은 평생 자신이 특별한 존재임을
깨닫지 못한다. 자신만의 매력을 발견하고 그것을 계발하
는 가장 중요한 이유는 그것이 자신의 성장 동력이 될 뿐만
아니라 긍정적 인간관계를 만드는 단초가 되기 때문이다.

　　어렵게 찾은 자신만의 매력을 과도하게 욕심 부려서
잃어버리지 마라. 혼자 할 수 있다고 고집을 부려 자신
의 역량을 다 쏟아붓고 나면 정작 다른 사람들의 마음을
살 수 없다. 다른 사람의 도움을 이끌어 내는 것 또한 유
능한 자의 몫 아닌가. 간교한 자들도 이런 요령에는 능
숙하다. 그러나 당장 효과를 거두려고 자신의 매력을 사
용하는 간교한 자들과 달리 지혜로운 사람은 좀 더 멀리
바라다본다. 즉, 대지에 거름을 뿌리고 많은 열매가 열
릴 때까지 인내하며 기다린다.

　　　　　　　　　자신의 매력을 찾아내 계발하라

자신을 꾸미는 데
게으른 사람
Lazy People To Decorate Their Own

　＼　　자신을 꾸미는 데 소홀한 사람은 성공하지 못한다. 많은 사람이 보이는 모습만으로 다른 사람을 평가하기 때문이다. 그러므로 사람들에게 긍정적 평판을 얻고 싶다면 어느 정도 자신을 포장할 줄 알아야 한다. 만약 당신이 하찮은 것을 감추고 약간의 장점을 내세울 수 있다면 당신은 만인의 찬사를 받게 될 것이다.

　　그러나 자신의 능력을 한 번에 전부 드러내지 않는 것이 분별력 있는 사람이 취해야 할 태도다. 일회성 칭찬을 받고 끝나서는 안 되고 계속해서 대중의 관심을 이끌어내야 한다. 그래야 빛나는 명성이 마침내 손 안에 들어온다는 사실을 기억하라.

자신을 치장하라

신비주의가
필요한 까닭
Why Do We Need Mysticism?

＼　　　끼일 자리와 끼지 않아야 할 자리를 구분하지 못하면 사람들에게 바보 취급을 당하게 된다. 함부로 나서는 사람은 당연히 받아야 할 대가조차 받지 못하는 경우가 많다. 여기저기 얼굴을 내미는 사람은 자신의 가치를 스스로 떨어뜨리는 사람이다. 좋게 평하다가도 실물을 보고 실망하는 사람이 적지 않기 때문이다.

인간의 상상력은 실제보다 훨씬 풍요로우며 업적은 입에서 입으로 전해지며 과장되게 마련이다. 착각은 귀를 통해 들어와 눈으로 빠져나간다. 명성의 장막을 두르고 그 안에 머무름으로써 신비감을 높이는 것도 지혜로운 전략이다. 인기의 정점에서 은퇴한 배우가 사람들의 머릿속에 오래도록 남는 것도 바로 그런 이치다.

착각은 귀를 통해 들어와 눈으로 빠져나간다

풍요로운 삶을
갈구한다면
If You Crave Abundant Life...

풍성한 지식, 날카로운 판단력, 품격 있는 취향. 이 세 가지는 지혜로운 사람이 되기 위해 꼭 필요한 덕목이다. 타고난 상상력도 훌륭한 재능이다. 하지만 사물을 분석하고 정확히 판단할 수 있는 안목과 자신의 지위나 자리에 걸맞는 행동을 보여주는 식견 없이는 빛을 발할 수 없다. 또 예리한 판단력이 없다면 풍부한 지성도 길을 잃기 쉽고, 풍성한 지식과 넓은 시야가 없다면 예리한 판단력은 독선으로 흐르게 된다. 품격 있는 취향은 풍성한 지식과 날카로운 판단력이 자라는 토양이다. 이 세가지 중 어느 하나만 가지고는 탁월한 사람이 결코 될 수 없다.

20대 때는 의지가, 30대 때는 지성이, 40대 때는 판단력이 인간의 삶을 지배한다. 어두운 곳에서 빛을 발하는 고양이의 눈동자처럼 혼탁한 세상을 밝히는 것은 지혜라는 이름의 촛불이다. 한 치 앞도 보이지 않는 컴컴한 어둠 속에서도 지혜로운 사람은 발걸음을 흐트러뜨리지 않고 앞으로 나아간다. 필요할 때마다 적절한 생각을 해내는 사람에게는 풍성한 지식이 있다. 그 지식의 힘이 뛰어난 아이디어를 샘솟게 하는 것이다. 잘잘못을 명확히 가리는 사람에겐 예리한 판단력이 있다. 이런 지식과 판단력을 갖춘다면 더없이 행복할 것이다. 거기다 품격 있는 취향까지 더한다면 그 인생은 얼마나 풍요롭고 향기로울 것인가.

지식, 판단력, 취향을 업그레이드하라

현자,
발타자르 그라시안의
삶에 대하여

— 옮긴이

발타자르 그라시안은 부패와 빈곤, 그리고 위선이 판을 치던 펠리페 3세 재위 시절, 스페인 아라곤 지방 벨몬트에서 태어났다. 그는 17세기 대표적인 작가이자 철학자이며 설교가다.

그라시안은 독실한 크리스천이자 의사인 부친에게 영향을 받아 어린 시절부터 철학과 신학에 관심이 많았다. 1619년 18세 때 예수회에 입회하여 수도자가 된 그는 기도와 명상에 열중하며, 세네카와 아리스토텔레스 및 고전 철학자들의 저서들을 읽고 《성경》을 공부하는 등 훗날 저술가로서 자신의 명성을 높여줄 지적 자산을 하나씩 쌓아갔다.

1627년 사제로 서품된 그라시안은 여러 대학에서 영적 지도신부, 교수, 설교가로 활발하게 활동했다. 사제직 초기에 겪었던 여러 가지 제약과 어려움에도 불구하고 재능 있고 명망 높은 인본주의자인 빈첸시오 후안 데 라스타노사와의 교유를 통해 학자, 정치가, 사업가 등 저명인사들과 만나 실용적이고 개방적인 인간 중심 사상을 탐구하게 된다.

이러한 만남의 결과로 풍부한 경험을 쌓은 그라시안은 탁월한 예지력과 깊이 있는 설교로 스페인 전역에 명성을 떨쳤고, 나아가 스페인 국왕 펠리페 4세의 궁정 고문으로 활약하기에 이르렀다. 그의 첫 번째 작품 《영웅 El Heroe》(전3권)은 1637년에 출간되었는데, 펠리페 4세는 '위대함이 가득한 주옥같은 책'이라고 칭송하면서 서가의 제일 좋은 자리에 꽂아두도록 하라고 하명을 내릴 정도로 높은 평가를 받았다.

1646년 프랑스와의 전쟁 당시 종군신부로 활약한 그는 병사들로부터 '승리의 대부'라는 영예로운 칭호로 불리기도 했다. 그로부터 2년후 1648년, 그라시안은 포르투갈

귀족이며 퇴역군인이었던 돈 파블로 파라다로부터 정신적인 격려와 자금을 지원받아 이 책《지혜의기술 *El oraculo manual yarte de prudentia*》을 출판하였다. 이 책은 출간 즉시 재판을 찍을 만큼 독자들로부터 호평을 받았지만 평소 그를 못마땅하게 여기던 교단 지도부에 의해 금서로 지정되었고, 그에게 다시는 저술활동을 하지 말라는 경고까지 내려졌다.

그라시안은 거듭되는 경고에도 불구하고 자신의 신념을 굽히지 않았다. 1651년《비판가 *El Critian*》를 익명으로 출판한 그는 지도부의 경고를 다시 어겼다는 이유로 더 이상 저술활동을 하지 못하는 쓸쓸한 만년을 보냈다. 그러나 한동안 절판되었던 그라시안의 작품들은 그가 죽은 후 새롭게 조명받기 시작했고, 결국 그는 로마의 대철학자 세네카에 비견될 정도로 큰 명성을 얻었다.

이후 수 세기 동안《지혜의 기술》은 많은 지식인의 인생 지침서로서 폭넓은 사랑을 받았다. 특히 독일의 위대한 철학자 니체는 "전 유럽을 통틀어 이 책보다 더 분명한 인생 지침서는 일찍이 없었다."라고 극찬하며 그라시안의 가르침에 따를 것을 권했다. 다른 사람의 작품을 평가할 때 까다롭기로 이름난 쇼펜하우어도 "소중한 친구처럼 당신

인생의 동반자가 되어주는 책"이라고 칭송했을 뿐만 아니라 독일어 번역본을 출간하고 그라시안을 자국에 소개하는 일에 정열을 쏟았다.

수십 개국 언어로 번역된 이 책은, 성공하는 사람들의 덕목인 용기와 겸손, 신중함, 분별력에 대한 아름다운 경구들과 교제술, 화술 등 처세술을 알려주는 253가지 이야기를 담고 있다. 남들과 차별되는 경쟁력을 갖춰야 하는 현대인들에게, 17세기의 사제이자 저술가인 현자 그라시안의 잠언이 세상을 냉철하게 직시하도록 도와주고 인생을 지혜롭게 살아가는 데 도움이 되기를 바란다. 끝으로 이 책은 독일의 Kroner 출판사의 *Hand-Orakel und Kunst der Weltklugheit*(1992)를 주요 원전으로 삼아 번역하였으며, 미국 Currency & Doubleday 출판사의 *The Art of Worldly Wisdom*(1992)을 참고했음을 밝혀 둔다.